«Capacidad es lo que le permite hacer algo.
Motivación es lo que determina lo que usted hace.
Actitud es lo que determina cuán bien lo hace».

Lou Holtz
Entrenador del equipo de fútbol de Notre Dame

Actitud de Vencedor

John C. Maxwell

Un Sello de Editorial Caribe

BETANIA es un sello de Editorial Caribe,
una division de Thomas Nelson,Inc.

P.O. Box 141000
Nashville, TN 37214-1000
E-mail: caribe@editorialcaribe.com

Título en inglés: *The Winning Attitude*

Publicado por Thomas Nelson Publishers

Traductor: Guillermo Vásquez

ISBN: 0-88113-413-9

Impreso en EE.UU.
Printed in the USA

9ª Impresión
www.caribebetania.com

Actitud de vencedor es dedicado al
Dr. Tom Phillippe,

amigo, colaborador en el evangelio
y ejemplo de una buena actitud en la vida.

Contenido

Reconocimientos

Deseo expresar mi agradecimiento por este libro a mis padres, Melvin y Laura Maxwell, por proveerme una existencia hogareña caracterizada por actitudes saludables hacia la vida. Actitudes positivas captadas más por el ejemplo que por la enseñanza, me rodearon desde el día que nací.

Mi esposa, Margaret, me brindó sabio consejo, y nuestros hijos, Elizabeth y John Porter, me dieron muchas ilustraciones. La familia Maxwell trata de vivir los principios de este libro.

Aprecio la participación de mis colaboradores de la iglesia Skyline Wesleyan en la preparación de este libro. Sus opiniones, preguntas y sugerencias fueron lo más importante en las reuniones del personal de los martes. Barbara Brumagin, mi asistente administrativa, siguió especialmente de cerca este proyecto.

Gracias a Paul Nanney por su amistad y por las emocionantes experiencias de vuelo que añadieron mucho a este libro.

Sección I

Considere su actitud

1

Es un pájaro... Es un avión... ¡No! ¡Es una actitud!

Haya pues en vosotros esta actitud que hubo también en Cristo Jesús (Filipenses 2.5, Biblia de las Américas).

Era un hermoso día en San Diego, y mi amigo Paul quiso llevarme a volar en su avión. Como era nuevo en California del Sur decidí ver mi nueva tierra desde una perspectiva distinta. Me senté en el asiento del copiloto mientras mi amigo terminaba de revisar sus instrumentos. Todo estaba bien, así que Paul encendió los motores y nos dirigimos hacia la cabecera de la pista. Cuando el avión se elevaba me di cuenta que su nariz estaba más alta que el resto del fuselaje. También me llamó la atención que, aunque el paisaje que teníamos abajo era esplendoroso, Paul observaba continuamente el tablero de instrumentos.

Como no soy piloto, decidí convertir el vuelo de placer en una experiencia de aprendizaje.

—Todos esos cuadrantes —comencé—, ¿qué te dicen? Veo que observas unos más que otros. ¿Qué es este?

—Ese es el indicador de actitud —respondió.

—¿Cómo puede un avión tener una actitud?

—En vuelo, la actitud de la nave es lo que llamamos la posición del avión en relación con el horizonte.

Como mi curiosidad ya se había despertado, le pedí que me explicara más.

—Cuando el avión asciende —dijo—, tiene una actitud nariz arriba, porque la nariz de la nave señala más arriba del horizonte.

—Eso es correcto —continuó mi instructor—. Los pilotos prestan atención a la actitud del avión porque eso indica su comportamiento.

—Ahora puedo entender por qué el indicador de actitud está en tan visible lugar en el tablero de instrumentos —manifesté.

Paul, comprendiendo que era un estudiante ansioso, continuó:

—Como el comportamiento del avión depende de su actitud, es necesario cambiar su actitud para cambiar su comportamiento.

Lo demostró elevando la nariz del aparato. El avión ascendió con seguridad y la velocidad disminuyó. Cambió su actitud, y eso cambió su comportamiento.

Paul concluyó su lección diciendo:

—Puesto que la actitud del avión determina su comportamiento, los instructores enseñan «actitud de vuelo».

Esa conversación me hizo pensar en las actitudes de la gente. ¿La actitud de un individuo, no norma su comportamiento? ¿No tiene un «indicador de actitud» que continuamente evalúa sus perspectivas y sus logros en la vida?

¿Qué pasa cuando la actitud está produciendo resultados no deseables? ¿Cómo puede cambiarse la actitud? Y, si la actitud cambia, ¿cuáles son las ramificaciones hacia las personas que le rodean?

Mi amigo Paul tenía un manual de instructor sobre «Actitud de vuelo», la relación entre la actitud del avión y su comportamiento. Nosotros, también, tenemos un manual sobre la actitud de vida... la Biblia.

El apóstol Pablo, escribiendo a la iglesia de Filipo, colocó ante esos cristianos un indicador de actitud. «Haya, pues, en vosotros esta misma actitud que hubo también en Cristo Jesús» (Filipenses 2.5, Biblia de las Américas).

Cristo nos da un perfecto ejemplo. Su elevada norma no fue dada para frustrarnos sino para revelarnos áreas en nuestras vidas que necesitan mejoramiento. Cuando estudio Filipenses 2.3-8, traigo a mi mente las actitudes saludables que Jesús poseía.

Era desinteresado. «Nada hagáis por contienda o por vanagloria; antes bien con humildad, estimando cada uno a los demás como superiores a él mismo; no mirando cada uno por lo suyo propio, sino cada cual también por lo de los otros» (Filipenses 2.3-4).

Era seguro. «El cual siendo en forma de Dios, no estimó el ser igual a Dios como cosa a que aferrarse, sino que se despojó a sí mismo, tomando forma de siervo, hecho semejante a los hombres» (Filipenses 2.6-7).

Era sumiso. «Y estando en la condición de hombre, se humilló a sí mismo, haciéndose obediente hasta la muerte y muerte de cruz» (Filipenses 2.8).

Pablo dice que estas cualidades fueron notorias en la vida de Cristo, debido a su actitud (v. 5, Biblia de las Américas). También dice que nosotros podemos tener la misma actitud en nuestras vidas. Para ello tenemos el ejemplo de esa actitud y el estímulo para obtenerla.

En Romanos 12.1,2, Pablo afirma:

> Así que, hermanos, os ruego por las misericordias de Dios, que presentéis vuestros cuerpos en sacrificio vivo, santo, agradable a Dios, que es vuestro culto racional. No os conforméis a este siglo, sino transformaos por medio de la renovación de vuestro entendimiento, para que comprobéis cuál sea la buena voluntad de Dios, agradable y perfecta.

El resultado de una mente renovada o una actitud cambiada es comprobar y cumplir la voluntad de Dios. Una vez más vemos que la actitud dicta el comportamiento.

En una ocasión prediqué un mensaje basado en el Salmo 34, titulado: «Cómo encarar el temor». David estaba solo, temeroso y frustrado en una cueva, rodeado por los enemigos, cuando escribió este mensaje reconfortante. El comienzo del capítulo nos permite entender el porqué del éxito de David, aun cuando estaba rodeado de problemas.

El triple proceso de la alabanza de David

1. La alabanza comienza en la voluntad (v. 1).

«*Bendeciré a Jehová en todo tiempo*; su alabanza estará de continuo en mi boca». Su actitud refleja una determinación de regocijarse pese a la situación.

2. La alabanza afecta a la emoción (v. 2).

«En Jehová se gloriará mi alma». Ahora, David alaba al Señor no solamente porque es lo correcto, sino también porque le gusta.

3. La alabanza se extiende a otros (vv. 2-3).

«Lo oirán los mansos y se alegrarán. Engrandeced a Jehová conmigo, y exaltemos a una su nombre». David demuestra que el cumplimiento de la alabanza comienza con una actitud de estar determinado a alabar. La conclusión del capítulo registra el triunfo de David: «Jehová redime el alma de sus siervos, y no serán condenados cuantos en Él confían».

La actitud de vivir, al igual que la de volar, dice: «Mi actitud dicta mi comportamiento». Esa expresión cubre demasiadas cosas que no pueden ser tratadas en un solo libro. Necesitaremos examinar:

- ¿Qué es una actitud, y por qué es importante?
- ¿Cuáles son los ingredientes necesarios para una actitud de elevadas realizaciones?
- ¿Cómo podemos volver una actitud equivocada, que obra en contra nuestra, a nuestro favor?

Conforme avancemos, descubriremos los indicadores de actitud manifestados en las personas descritas en la Biblia, el mejor manual sobre la actitud que tenemos a nuestra disposición desde que Dios mismo nos lo dio. Obviamente, este libro que escribo no tendrá la última palabra sobre asunto tan importante, pero espero que traiga un poco de luz a los que entienden la importancia de la actitud. Es mi oración que sea de utilidad a los que quieran cambiar.

Aplicación de Actitud:

Tome unos pocos minutos antes de proceder y hágase las siguientes preguntas:

¿He prestado atención a mi actitud últimamente?

¿Cómo considero mi actitud?

- Nunca ha sido mejor ❑
- Nunca ha sido peor ❑
- Nariz arriba ❑
- Nariz abajo ❑

¿Cuál es un indicador de actitud (algo que refleje mi perspectiva) en mi vida?

2

La actitud, ¿qué es?

Una persona no puede viajar interiormente y permanecer quieta exteriormente.

—James Allen

El equipo de básketbol de la escuela secundaria en el que jugaba no estaba logrando una buena temporada, así que un día el entrenador tuvo una de esas reuniones con el equipo en la que todos los jugadores estaban en silencio y escuchando. Él insistía continuamente en la relación que hay entre la actitud del equipo y el registro de victorias y derrotas. Todavía puedo oír sus palabras: «Muchachos, sus capacidades dicen "ganen", pero sus actitudes dicen "pierdan"».

Los padres son convocados a la escuela para hablar acerca de su hijo. ¿El asunto? Timmy, alumno de quinto grado, ha decaído en las calificaciones y está causando serios problemas entre sus compañeros. Las pruebas de actitud demuestran que es intelectualmente capaz, sin embargo fracasa de manera miserable. El maestro opina que tiene una «mala actitud».

El cuerpo pastoral se reúne para tratar el caso de una miembro de la congregación. En la discusión se oye constantemente la frase: «Tiene una actitud "terrible"».

Difícilmente pasa un día sin que la palabra «actitud» entre en una conversación. Se la menciona como motivo de queja o de cumplido. Podría significar la diferencia entre una promoción o una remoción. Algunas veces la sentimos, otras la vemos. Sin embargo, es difícil explicarla.

La actitud es un sentimiento interior expresado en la conducta. Es por eso que a la actitud se la ve sin decir una sola palabra. ¿No hemos visto la cara hundida del malhumorado, o la mandíbula saliente del decidido? De todas las cosas que usamos, nuestra expresión es la más importante.

Mi hija Elizabeth ha traído mucha alegría a la familia, sin embargo su personalidad tiende a veces a ser melancólica. Cuando se siente así, su cara no expresa felicidad. Mi esposa Margaret le compró una estatuilla que dice: «Pon una cara feliz». Es un recordatorio de que nuestras expresiones reflejan nuestros sentimientos interiores.

La Biblia nos enseña que «Jehová no mira lo que mira el hombre; pues el hombre mira lo que está delante de sus ojos, pero Jehová mira el corazón» (1 Samuel 16.7). «Engañoso es el corazón más que todas las cosas y perverso; ¿quién lo conocerá?» (Jeremías 17.9). Estas declaraciones expresan nuestra incapacidad para saber con seguridad cuáles son las emociones que hay dentro de alguien. Pero pese a que no podemos juzgar a otros por su expresión interior, muchas veces las manifestaciones exteriores son «una ventana del alma». Una persona que lanza «una mirada que mata», con toda probabilidad no está cantando en su interior «Algo bueno te va a suceder».

Hechos 20 cuenta que Pablo se detuvo en Mileto y llamó a los ancianos de Éfeso. Estos hombres se reunieron y escucharon el discurso de Pablo. El futuro era incierto y su líder les dijo: «Ahora, he aquí, ligado yo en espíritu, voy a Jerusalén, sin saber lo que allá me ha de acontecer; salvo que el Espíritu Santo por todas las ciudades me da testimonio, diciendo que me esperan prisiones y tribulaciones» (vv. 22, 23).

Pablo exhortó a estos líderes de la iglesia para que apreciaran el trabajo que había comenzado. Interiormente fueron movidos a compasión por el hombre que los había disciplinado. Su actitud amorosa se manifestó en una muestra visible de afecto: «Cuando hubo dicho estas cosas, se puso de rodillas, y oró con todos ellos. Entonces hubo gran llanto de todos; y echándose al cuello de Pablo le besaban, doliéndose en gran manera por la palabra que dijo, de que no verían más su rostro. Y le acompañaron al barco» (vv. 36-38).

Como la actitud se expresa con frecuencia en nuestro lenguaje corporal y se nota en la expresión de nuestro rostro, puede ser contagiosa. ¿Han notado lo que sucede a un grupo de gente cuando una persona, por su expresión, revela una actitud negativa? O, ¿han notado el estímulo que reciben cuando la expresión facial de un amigo muestra amor y aceptación?

La presencia de David y la música que tocaba alegró a un atormentado rey Saúl. La Biblia nos dice que: «El Espíritu de Jehová se apartó de Saúl, y le atormentaba un espíritu malo de parte de Jehová» (1 Samuel 16.14). Se les dijo a sus siervos que buscaran a alguien que pudiera elevar el espíritu del gobernante. Trajeron a David al palacio y Saúl «le amó mucho[...] Y Saúl envió a decir a Isaí: Yo te ruego que esté David conmigo pues ha hallado gracia en mis ojos. Y cuando el espíritu malo de parte de Dios venía sobre Saúl, David tomaba el arpa y tocaba con su mano; y Saúl tenía alivio y estaba mejor, y el espíritu malo se apartaba de él» (vv. 21-23).

A veces la actitud puede simularse exteriormente engañando a los demás. Pero por lo general este fingimiento no dura mucho. La actitud siempre trata de aflorar.

Mi padre disfruta contando la historia del niño de cuatro años a quien le dio una rabieta. Después de reprenderle su madre le dijo: «Hijo, ¡ve a esa silla y siéntate, ahora mismo!» El pequeño fue a la silla, se sentó y dijo: «Mamá, estoy sentado en la silla por fuera, pero estoy de pie por dentro».

¿Le ha dicho eso a Dios alguna vez? Todos hemos experimentado un conflicto interno parecido al que Pablo expresa en Romanos 7:

> Porque no hago el bien que quiero sino el mal que no quiero, eso hago[...] pero veo otra ley en mis miembros, que se revela contra la ley de mi mente, y que me lleva cautivo a la ley del pecado que está en mis miembros. ¡Miserable de mí! ¿quién me librará de este cuerpo de muerte? Gracias doy a Dios, por Jesucristo Señor nuestro. Así que, yo mismo con la mente sirvo a la ley de Dios, mas con la carne a la ley del pecado (vv. 19, 23-25).

¿Parece familiar? Cuando un cristiano sincero me pide ayuda en su vida espiritual, siempre le hablo de la obediencia. La sencillez de *Para andar con Jesús*, ese gran himno de James H. Sammis, señala la importancia de nuestra actitud obediente en nuestro crecimiento espiritual.

> Para andar con Jesús no hay senda mejor
> que guardar sus mandatos de amor.
> Obedientes a Él siempre habremos de ser
> Y tendremos de Cristo el poder.
> Obedecer, y confiar en Jesús
> es la regla marcada para andar en la luz.

Durante un avivamiento en Skyline Wesleyan Church donde soy pastor principal, mi corazón fue tocado por las palabras de María, la madre de Jesús cuando dijo: «Haced todo lo que os dijere». Hablé a mi congregación sobre este pensamiento de obediencia sacado del relato del milagro de Jesús en las bodas de Caná (Juan 2.1-8).

Lo que Jesús te diga, hazlo, aunque...

1. No estés en el «lugar apropiado» (v. 2)

Estaban en una boda y no en una iglesia cuando Jesús realizó este milagro. Algunas de las más grandes bendiciones de Dios estarán en «otros lugares», si somos obedientes a Él.

2. Tengas muchos problemas (v. 3)

Se les había acabado el vino. Muchas veces nuestros problemas nos alejan de Jesús en vez de acercarnos a Él. La renovación comienza cuando nos concentramos en el poder de Dios y no en nuestros problemas.

3. No estés animado (v. 4)

Jesús les dijo a los que estaban en la boda: «Aún no ha venido mi hora». En vez de desanimarse por estas palabras María todavía esperaba un milagro.

4. No hayas caminado mucho con Él (v. 5).

Los criados que obedecieron a Jesús apenas le conocían, y los discípulos recién habían comenzado a seguirle. Pero se esperaba que obedecieran.

5. No le hayas visto hacer milagros en tu vida.

Este fue el primer milagro de nuestro Señor. En esta ocasión, las personas tuvieron que obedecerle sin haber tenido ningún antecedente de milagros realizados por Él.

6. No entiendas todo el proceso.

De esta historia bíblica podemos sacar una lección de obediencia: Escuchar las palabras de Jesús y hacer su voluntad. La obediencia interior nos brinda crecimiento exterior.

El sicólogo y filósofo James Allen, dice: «Una persona no puede viajar interiormente y permanecer quieta exteriormente». Pronto, lo que sucede dentro de nosotros afectará a lo que sucede afuera. Una actitud dura es una enfermedad terrible. Produce una mente cerrada y un futuro oscuro. Cuando la actitud es positiva y conduce al crecimiento, la mente se expande y comienza el progreso.

¿Qué es una actitud?

Es el mejor de nuestros verdaderos yoes.
Sus raíces son internas pero su fruto es externo.
Es nuestra mejor amiga o nuestra peor enemiga.
Es más honesta y más consecuente que nuestras palabras.
Es una apariencia exterior basada en nuestras experiencias pasadas.
Es algo que atrae o repele a la gente de nosotros.
No está satisfecha hasta que no se expresa.
Es la bibliotecaria de nuestro pasado.
Es la que habla de nuestro presente.
Es la profeta de nuestro futuro.

Aplicación de actitud:

Seleccione un amigo y evalúe su actitud. A continuación escriba varias palabras que lo describan. ¿Cuál es el indicador del comportamiento resultante de esa actitud? Ahora, haga lo mismo con usted.

3

La actitud, ¿por qué es importante?

¿Siente que el mundo le trata bien? Si su actitud hacia el mundo es excelente, recibirá resultados excelentes. Si se siente más o menos en relación con el mundo, la respuesta que recibirá del mundo será regular. Siéntase muy mal con el mundo, y le parecerá recibir solamente una reacción negativa de la vida.

—John Maxwell

Vivimos en un mundo de palabras. Adheridos a esas palabras están los significados que llevan respuestas variadas de nosotros. Palabras tales como *felicidad, aceptación, paz* y *éxito,* describen lo que cada uno de nosotros desea. Pero hay una palabra que, o aumentará la posibilidad de que nuestros deseos se cumplan o impedirán que ellos se conviertan en una realidad dentro de nosotros.

Durante una conferencia en Carolina del Sur, hice el siguiente experimento. Para revelar el significado de esta palabra, leí el párrafo anterior y pregunté: «¿Qué palabra describe lo que determinará nuestra felicidad, aceptación, paz y éxito?» La audiencia expresó términos tales como trabajo, educación, dinero, tiempo. Por fin alguien dijo: *actitud*. Tales importantes áreas de nuestras vidas son secundarias. Nuestra actitud es la fuerza principal que determinará si triunfamos o fracasamos.

Para algunos, la actitud es una dificultad para todo; para otros, es una oportunidad en todas las dificultades. Algunos ascienden con una actitud positiva, mientras otros caen con una perspectiva negativa. El mismo hecho que la actitud obra favorablemente en algunos, mientras desbarata a otros, es lo suficientemente significativo como para que exploremos su importancia. Estudiar las afirmaciones que tenemos a continuación nos aclarará esta verdad.

Axioma de actitud # 1:
Nuestra actitud determina nuestro enfoque de la vida

La historia de dos baldes subraya esta verdad. Uno era optimista y el otro era pesimista.

«No hay una vida tan desilusionante como la mía», dijo el balde vacío mientras se aproximaba al pozo. «Siempre me alejo del pozo lleno pero regreso a él vacío».

«Nunca ha habido una vida tan feliz como la mía», dijo el balde lleno cuando se alejaba del pozo. «Siempre vengo al pozo vacío, pero me voy de él lleno».

Nuestra actitud nos dice lo que esperamos de la vida. Si nuestra «nariz» apunta hacia arriba, estamos ascendiendo; si apunta hacia abajo podemos estrellarnos.

Una de mis historias favoritas es la de un abuelo y una abuela que visitaban a los nietos. Todas las tardes el abuelo se acostaba para echar una siesta. Un día, los muchachos le jugaron un broma: pusieron queso Limburger en su bigote. Pronto se despertó olfateando. «Este cuarto huele mal» exclamó, levantándose y dirigiéndose a la cocina. Al poco tiempo notó que la cocina también olía mal, así que salió para respirar aire puro. Para su sorpresa, el aire libre tampoco olía bien y dijo: «¡El mundo entero huele mal!»

¡Cuánta verdad encierra esto en nuestras vidas! Cuando tenemos «queso Limburger» en nuestras actitudes, el mundo entero huele mal.

Una buena manera para probar nuestra actitud es respondiendo a la pregunta: «¿Siento que el mundo me trata bien?» Si su actitud hacia el mundo es excelente, usted recibirá resultados excelentes. Si su actitud hacia el mundo es regular, la respuesta del mundo será regular. Si se siente mal con el mundo, le parecerá que recibe una reacción negativa de la vida. Mire a su alrededor. Analice la conversación de la gente que vive infeliz y sin realización. Les oirá protestar contra una sociedad que, según ellos, solamente les da una vida de problemas, miseria y mala suerte. Muchas veces han construido la cárcel del descontento con sus propias manos.

Al mundo no le importa si nos libramos o no de la prisión. Él sigue su marcha. Adoptar una actitud buena y saludable hacia la vida no afecta tanto a la sociedad como nos afecta a nosotros. El cambio no viene de otros, viene de nosotros.

El apóstol Pablo tenía un terrible pasado que superar. Le dijo a Timoteo que era el primero de los pecadores. Pero luego de su conversión sintió un gran deseo de conocer a Cristo de una manera mayor. ¿Cómo cumplió este deseo? No esperando que alguien le ayudara, ni mirando hacia atrás y lamentándose por su terrible pasado. Pablo, diligentemente, prosiguió «asido por Cristo Jesús». La singularidad de su propósito le hizo declarar: «Pero una cosa hago: olvidando ciertamente lo que queda atrás, y extendiéndome a lo que está adelante, prosigo a la meta, al premio del supremo llamamiento de Dios en Cristo Jesús» (Filipenses 3.13, 14).

Somos individualmente responsables por la visión que tengamos de la vida. La Biblia dice: «Todo lo que el hombre sembrare, eso también segará» (Gálatas 6.7). Nuestra actitud y nuestra acción hacia la vida determinan lo que nos sucede.

Sería imposible calcular el número de empleos que hemos perdido, la cantidad de promociones no logradas, el número de ventas no realizadas y la cantidad de matrimonios arruinados por nuestras actitudes pobres. A diario somos testigos de empleos que aunque se conservan son odiados, y de matrimonios que aunque se toleran son infelices, todo eso porque las personas esperan en otros o en el mundo para cambiar, en vez de comprender que ellas son las únicas responsables por su conducta. Dios es suficiente para producir en ellas el deseo de cambiar, pero la decisión de actuar bajo ese deseo es suya.

Es imposible hacer todas las situaciones a la medida para que se ajusten a nuestras vidas perfectamente. Pero es posible hacer nuestras actitudes a la medida para que se ajusten a las situaciones perfectamente. El apóstol Pablo demostró hermosamente esta verdad cuando estaba prisionero en Roma. La verdad es que no había recibido un simple sacudón. El lugar de su confinamiento era frío y obscuro. Sin embargo, escribe a la iglesia de Filipo diciéndoles radiante de gozo: «Regocijaos en el Señor *siempre*. Otra vez digo: ¡Regocijaos!» (Filipenses 4.4, énfasis del autor).

Notemos que el confinado le dice a la gente libre de preocupaciones que se regocije. ¿Es que estaba perdiendo la razón? No. Encontramos el secreto más adelante en el mismo capítulo. Pablo dice:

> No lo digo porque tenga escasez, pues he *aprendido* a contentarme, cualquiera que sea mi situación. Sé vivir humildemente, y sé tener abundancia; en todo y por todo estoy *enseñado*, así para estar saciado como para tener hambre, así para tener abundancia como para padecer necesidad (vv. 11, 12, énfasis del autor).

La habilidad de hacer su actitud a la medida de su situación en la vida fue una conducta que él aprendió. No le vino automáticamente. Aprendió la conducta, y la apreciación positiva de las cosas vino como algo natural. (Hablaré más sobre esta conducta aprendida en la sección IV, «Cambie su actitud»). Pablo nos enseña repetidamente con su vida que el hombre ayuda a crear su medio ambiente —mental, emocional, físico y espiritual— por la actitud que tiene.

Aplicación de la actitud:

Haga un círculo en el número que designe la actitud que más se acerca a la suya:

1. «Hago que el mundo siga su marcha»
2. «Sigue lloviendo sobre mí»
3. «Lo hice a mi manera»
4. «Oh, ¡Qué hermosa mañana!»

Axioma de actitud # 2: Nuestra actitud determina nuestra relación con la gente

La Regla de Oro dice: «Así que, todas las cosas que queráis que los hombres hagan con vosotros, así también haced vosotros con ellos; porque esto es la ley y los profetas» (Mateo 7.12).

Este axioma alcanza su mayor significado cuando, como cristianos, nos damos cuenta que el ministerio efectivo a los demás se basa en la relación.

El modelo de ministerio (como lo entiendo) se capta mejor en Juan 13. Cristo y sus discípulos están reunidos en el aposento alto.

Los componentes del ministerio modelo de Cristo son:

1. Hombres con quienes había compartido en todas las áreas de la vida.
2. Una actitud y una demostración de servicio.
3. Un mandamiento de amor que lo abarca todo («Por esto todos los hombres conocerán que sois mis discípulos»).

Un ministerio efectivo de relación con los demás debe incluir estos tres componentes bíblicos. Ninguna metodología sola (predicación, consejería, visitación) ministrará efectivamente a todas las necesidades, todo el tiempo. Se necesita una sabia combinación de muchos métodos para llenar las necesidades de la gente. Y el puente entre el remedio del evangelio y las necesidades de las personas es el liderazgo basado en la relación.

Juan 10.3-5 nos da una muestra de este liderazgo de relación:

1. Relación hasta el punto del *reconocimiento* instantáneo (Él llama a sus ovejas por su nombre);
2. Relación establecida sobre la base de la *confianza* (Sus ovejas oyen su voz y vienen a Él);
3. Liderazgo demostrado con el *ejemplo* (Él va adelante y ellas lo siguen).

Sin embargo, establecer tal relación es difícil. La gente es chistosa: quieren un asiento en la parte delantera del bus, en la parte trasera de la iglesia y en medio de la carretera. Dígale a un hombre que hay 300 billones de estrellas y le creerá, pero dígale al mismo hombre que una banca está recién pintada, y tiene que tocarla para asegurarse.

A veces las personas nos producen frustración, se aparecen en el lugar equivocado, en el tiempo equivocado, por la razón equivocada. Siempre son interesantes pero no siempre son agradables. No siempre son previsibles porque tienen sus propias mentes. No pueden trabajar con las personas, ni pueden hacerlo sin ellas. Esa es la razón por la que es esencial establecer relaciones adecuadas con los demás en nuestro atestado mundo.

El Stanford Research Institute dice que el dinero que usted gana en cualquier empresa está determinado únicamente por el 12,5% del conocimiento y el 87,5% de su habilidad para tratar con la gente.

87,5% conocimiento de la gente

\+ = **Éxito**

12,5% conocimiento del producto

Por eso Teddy Roosevelt dijo: «El ingrediente más importante en la fórmula del éxito es saber cómo trabajar con la gente».

«Pagaría más por la habilidad de tratar con la gente que por cualquier otra habilidad bajo el sol», afirmó John D. Rockefeller.

Cuando le preguntaron a J. Paul Getty cuál era la cualidad más importante de un ejecutivo con éxito, replicó: «No importa cuánto conocimiento o experiencia posea un ejecutivo; si no puede lograr resultados con la gente, es inútil como ejecutivo».

Cuando la actitud que poseamos coloque a los otros primero y veamos a las personas como algo importante, entonces nuestra perspectiva reflejará su punto de vista, no el nuestro. Hasta que no nos pongamos en el lugar de la otra persona y veamos la vida a través de otros ojos, seremos como el hombre que saltó enojado de su automóvil después de un choque con otro. «¿Por qué ustedes las personas no miran por donde manejan?», vociferó. «¡El suyo es el cuarto auto que he chocado este día!»

Hace unos años manejaba por el sur y me detuve en una estación de servicio para poner gasolina. Era un día lluvioso, pero los empleados de la gasolinera trataban de atender a los clientes con eficiencia. Me impresionó este tratamiento de primera clase y entendí la razón cuando leí el rótulo en la puerta principal:

POR QUÉ SE PIERDEN CLIENTES

1% Se mueren
3% Se mudan
5% Consiguen otros amigos
9% Por razones competitivas (precio)
14% No están satisfechos con el producto
68% ¡Por la actitud de indiferencia
de algunos empleados!

En otras palabras, el 68% se va porque los empleados no tienen una mente orientada al cliente funcionando en ellos.

Por lo general, la persona que surge dentro de una organización tiene una buena actitud. Las promociones no le dan al individuo una actitud destacada, pero una actitud destacada resulta en promociones. Telemetrics International hizo un estudio sobre esos «tipos simpáticos» que han subido mucho por la escalera de la corporación. Estudiaron a 16.000 ejecutivos. Observaron la diferencia entre ejecutivos definidos como «excelentes realizadores» (los que tienen una actitud saludable) y «pobres realizadores» (los que no tienen una actitud saludable):

> Los grandes realizadores se preocupaban tanto de la gente como de las utilidades; los pobres realizadores se preocupaban de su propia seguridad.
>
> Los grandes realizadores miraban a sus subordinados con optimismo; los pobres realizadores mostraban desconfianza en la capacidad de los subordinados.
>
> Los grandes realizadores buscaban consejo de sus subordinados; los pobres realizadores no lo hacían.
>
> Los grandes realizadores eran buenos oyentes; los pobres realizadores evitaban la comunicación y dependían de los manuales de política empresarial.

En 1980-81 emprendí un ambicioso proyecto que incluía enseñar y dirigir a quince pastores y a sus congregaciones a formar iglesias crecientes y fuertes. Una de mis responsabilidades favoritas era hablar en un servicio dominical y reclutar obreros para esa iglesia particular. Poco antes del «servicio de alistamiento» pregunté al pastor cuántas personas creía que pasarían al frente para firmar una tarjeta y alistarse para el evangelismo y el discipulado. Le observé mientras calculaba cuidadosamente quiénes lo harían y quiénes no. Después de recibir el número cuidadosamente pensado, le dije: «Firmará un número mayor que ese».

¿Por qué podía decir eso? ¿Conocía yo a las personas mejor que él? Por supuesto que no. Lo que sabía era que el pastor puso a su gente mentalmente en sus casilleros conocidos y «supo» cómo reaccionarían durante el servicio. En cambio yo, como no conocía a la congregación, tenía una actitud abierta y positiva hacia todos ellos. Traté a la audiencia como si todos fueran a responder, ¡y la mayoría lo hizo! Los quince pastores calcularon un número menor que el que realmente respondieron.

Una experiencia negativa a veces paraliza nuestro pensamiento y nuestra actitud. Un hombre que no podía encontrar su mejor sierra sospechaba del hijo de su vecino que siempre andaba por ahí haciendo trabajos de madera. En los siguientes días, todo lo que el muchacho hacía le parecía sospechoso, la manera cómo caminaba, el tono de su voz, sus gestos. Pero cuando encontró su sierra detrás de su propio banco de trabajo donde había caído accidentalmente, no vio ya nada más sospechoso en el hijo de su vecino.

Aplicación de actitud:

Tarea: Durante una semana trate a toda persona que conozca, sin excepción, como la más importante sobre la tierra. Descubrirá que ella le trata a usted de la misma manera.

Axioma de actitud # 3
Casi siempre nuestra actitud es la única diferencia que hay entre el éxito y el fracaso

Los más grandes logros de la historia han sido alcanzados por hombres que apenas superaron en excelencia a los demás en sus respectivos campos.

Esto es lo que se llama el principio del margen ligero. Muchas veces esa ligera diferencia es la actitud. La ex primer ministro israelí Golda Meir enfatizó esta verdad en una de sus entrevistas. Dijo: «Todo mi país tiene su espíritu. No tenemos dólares petroleros. No tenemos minas ni grandes riquezas en el subsuelo. No tenemos el apoyo de la opinión pública mundial que nos vea favorablemente. Todo lo que Israel tiene es el espíritu de su pueblo. Y si el pueblo pierde su espíritu, ni siquiera los Estados Unidos podrán salvarnos». Esta gran señora quería decir:

Recursos - Actitud correcta = Derrota

Actitud correcta - recursos = Victoria

A continuación he hecho una lista de recursos que capacitan a una persona para alcanzar el éxito. Al lado de esa lista he escrito algunas otras bendiciones que usted tiene. Lea esto cuando sienta que está perdiendo ese ligero margen.

salud	experiencia	concesiones
amigo	familia	aptitud
dinero	actitud	metas

Ciertamente la aptitud es importante para nuestro éxito en la vida. Sin embargo, el éxito o el fracaso en cualquier empresa es causado más por la actitud mental que por simples capacidades. Recuerdo las veces que Margaret, mi esposa, volvía a casa, luego de enseñar en su escuela, frustrada por el moderno énfasis de la educación en la aptitud antes que la actitud. Ella quería que a los niños se les hiciera la prueba del C.A. (cociente de actitud) en vez del C.I. (cociente de inteligencia). Se refería a niños cuyo cociente de inteligencia era alto pero su rendimiento bajo. Había otros cuyo cociente de inteligencia era bajo pero su rendimiento era alto.

Como padre, quisiera que mis hijos tuvieran excelentes mentes y destacadas actitudes. Pero si tuviera que decidir, escogería sin vacilación las actitudes destacadas.

Uno de los presidentes de la Universidad de Yale dio, hace algunos años, este consejo a un ex presidente del Ohio State: «Sea siempre amable con sus estudiantes A y B. Un día, alguno de ellos regresará a su campus como un buen profesor. Y también sea amable con sus estudiantes C. Un día, alguno de ellos regresará y construirá un laboratorio de ciencias de dos millones de dólares».

Un profesor del Princeton Seminary descubrió que el espíritu de optimismo en realidad es muy importante. Hizo un estudio de los grandes predicadores de los siglos pasados. Puso atención en las grandes variedades de personalidades y talentos. Entonces hizo la pregunta: «¿Qué tenían en común estos destacados hombres de púlpito, aparte de su fe?» Después de varios años de investigación encontró la respuesta. Era su encanto personal. En la mayoría de los casos, eran hombres felices.

Hay poca diferencia entre las personas, pero esa poca diferencia es lo realmente importante. Esa poca diferencia es la actitud. La gran diferencia es si esta es positiva o negativa. Este principio es muy bien ilustrado por la historia de una joven esposa del este de los Estados Unidos que, durante la guerra, siguió a su esposo hasta un campamento militar cerca del desierto de California.

Las condiciones de vida eran primitivas y, por eso, su esposo se había opuesto a que lo siguiera, pero ella quería estar con él. El único alojamiento que encontraron fue una choza medio derruida, cerca de una aldea india. El calor era insoportable durante el día, 45 grados a la sombra. El viento soplaba constantemente esparciendo polvo y arena sobre todas las cosas. Los días eran largos y aburridores. Sus únicos vecinos eran indios, ninguno de los cuales hablaba inglés. Cuando a su esposo le ordenaron adentrarse en el desierto para dos semanas de maniobras, la soledad y las miserables condiciones de vida acabaron por derrotar a la esposa. Enseguida escribió a su madre diciéndole que volvía a casa. No podía soportar más esa situación.

A los pocos días recibió una respuesta de su madre que incluía estas dos líneas: «Dos hombres miraban a través de los barrotes de la misma cárcel; el uno vio lodo, el otro vio estrellas». La mujer leyó estas líneas una y otra vez y se sintió avergonzada de sí misma. En realidad, no quería abandonar a su esposo. Muy bien, pensó, miraré las estrellas. En los siguientes días se propuso hacer amistad con los indios pidiéndoles que le enseñaran a tejer y a hacer cerámica. Al principio eran recelosos, pero pronto, cuando vieron su genuino interés, le brindaron su amistad. Se familiarizó con su cultura e historia, en realidad con todo lo relacionado con ellos. A medida que estudiaba el desierto, este cambiaba de un lugar desolado a uno de belleza.

Pidió que su madre le enviara libros. Estudió las formas del cactos, las yucas y los árboles «Joshua». Coleccionó conchas marinas que habían quedado entre las arenas cuando estas habían sido el suelo del océano. Con el tiempo llegó a ser tan experta en esa área que escribió un libro sobre ella.

¿Qué había cambiado? No el desierto; no los indios. Había cambiado su actitud y eso había transformado una experiencia miserable en una altamente gratificante.

Aplicación de actitud:

Hay muy poca diferencia entre las personas, pero esa pequeña diferencia produce una gran diferencia. Esa diferencia es la actitud. Piense en algo que desee. ¿Qué actitud necesitará para lograrlo?

Axioma de actitud # 4
La actitud que tengamos al comenzar una tarea afectará su resultado más que cualquier otra cosa

Los entrenadores saben lo importante que es que sus equipos tengan la actitud correcta antes de enfrentarse con un recio oponente. Los cirujanos quieren que sus pacientes estén mentalmente preparados antes de una operación. Los que buscan empleo saben que su posible empleador quiere algo más que habilidades cuando llenan una solicitud de trabajo. Los oradores quieren una atmósfera propicia antes de comunicarse con su audiencia. ¿Por qué? Porque la actitud correcta al principio asegura el éxito al final. Usted estará familiarizado con el dicho: «Todo lo que está bien termina bien». Pero también es cierto: «Todo lo que está bien comienza bien».

Uno de los principios clave que enseño cuando doy conferencias sobre evangelismo, es la importancia de nuestra actitud al testificar ante otros. La mayoría de las veces, es la manera en que presentamos el evangelio, más que el evangelio mismo, lo que ofende a las personas. Dos individuos pueden hablar del mismo tema con la misma persona y obtener diferentes resultados. ¿Por qué? Casi siempre, la diferencia está en la actitud de la persona que habla. El testigo diligente se dice a sí mismo: «La gente está hambrienta del evangelio y deseosa de un cambio positivo en su vidas». El testigo renuente se dice a sí mismo: «La gente no está interesada en las cosas espirituales y no quiere ser molestada». Esas dos actitudes no solamente determinarán el número de intentos hechos para testificar (¿puede adivinar cuál de ellos testificará?), sino que también determinará los resultados si los dos comparten la misma fe.

El estadista americano Hubert H. Humprey era admirado por millones de personas. Su burbujeante entusiasmo era contagioso. Cuando murió, un periódico publicó un artículo sobre él en el que citaba algo que escribió a su esposa cuando hizo su primer viaje a Washington D.C., en 1935: «Puedo ver cómo, algún día, si tú y yo solamente nos decidimos y pensamos en grandes cosas, podremos vivir aquí en Washington, dedicados probablemente al gobierno, a la política o al servicio. Oh Dios, espero que mi sueño se convierta en realidad; voy a tratar que así sea, de cualquier manera». ¡Con esa clase de actitud no podía fallar!

La mayoría de los proyectos fracasan o triunfan antes de comenzar. Un joven alpinista y un experimentado guía ascendían un alto pico en las Sierras. Una mañana muy temprano, el joven fue despertado violentamente por el ruido de algo que se rompía.

Pensó que era el fin del mundo. El guía le dijo: «No es el fin del mundo, solamente el comienzo de un nuevo día». Al salir el sol sus rayos caían sobre el hielo y lo derretían.

Muchas veces somos culpables de contemplar los retos de nuestro futuro como el ocaso de la vida antes que como el amanecer de una brillante nueva oportunidad.

Tenemos como ejemplo la historia de dos vendedores de zapatos que fueron enviados a una isla a vender. El primero, apenas llegó, se sintió desalentado al darse cuenta que nadie, en la isla, usaba zapatos. Inmediatamente envió un telegrama a su oficina en Chicago diciendo: «Regresaré mañana. Nadie usa zapatos aquí».

El segundo vendedor se emocionó mucho cuando vio lo mismo. Inmediatamente envió un telegrama a su oficina en Chicago, diciendo: «Por favor, envíenme 10.000 pares de zapatos. Todo el mundo aquí los necesita».

Aplicación de actitud

¿Por qué no escribir a continuación un proyecto que haya descuidado debido a una actitud poco saludable hacia él? Lea el axioma número 4 una y otra vez, luego enumere los beneficios positivos que se recibirán por la realización de su proyecto. Recuerde: «Todo lo que está bien comienza bien». ¡Suba el nivel de su actitud!

Axioma de actitud # 5: Nuestra actitud puede convertir nuestros problemas en bendiciones

En *Awake My Heart* [Despierta Corazón], mi amigo J. Sidlow Baxter escribe: «¿Cuál es la diferencia entre un obstáculo y una oportunidad? Nuestra actitud hacia él. Toda oportunidad tiene una dificultad y toda dificultad tiene una oportunidad»[1]

Al enfrentar una situación difícil, una persona con una actitud destacada hace lo mejor que puede con ella, aunque obtenga lo peor de ella. La vida puede ser semejante a una piedra de afilar. Si acaba con usted o le pule depende del material con que usted está hecho.

Asistiendo a una conferencia para líderes jóvenes, oí esta afirmación: «Ninguna sociedad ha desarrollado hombres tenaces en tiempos de paz». La adversidad es prosperidad para los que poseen una gran actitud. Los volantines o papalotes se elevan contra, no con el viento. Cuando el viento adverso de la crítica sopla, deje que sea para usted como el viento es para el volantín, una fuerza contra la que esta se eleva más rápido. Un volantín no vuela a

---

1. J. Sidlon Baxter, *Awake, My Heart*, Zondervan Publishing House, Grand Rapids, Michigan, 1960, p. 10

menos que tenga la tensión controladora de la cuerda que lo ata abajo. Lo mismo sucede en la vida.

Cuando los compañeros de escuela de Napoleón se burlaron de él por su origen humilde y su pobreza, este se dedicó por entero a sus libros. Destacándose rápidamente entre ellos, en los estudios, demandó su respeto. Pronto fue considerado el más brillante de la clase.

Si el germen de la semilla tiene que luchar para abrirse campo entre las piedras y la dureza del suelo hasta alcanzar la luz del sol y el aire y luego luchar esforzadamente con la tormenta, la nieve y el frío, su fibra y su madera serán resistentes y fuertes.

Pocas personas conocían a Abraham Lincoln hasta que el terrible peso de la guerra civil mostró su carácter.

Robinson Crusoe fue escrito en la cárcel. John Bunyan escribió *El Progreso del Peregrino* en la cárcel de Bedford. Sir Walter Raleigh escribió *The History of the World* en trece años de encarcelamiento. Lutero tradujo la Biblia cuando estaba confinado en el castillo de Wartburg. Durante diez años, Dante, el autor de *La Divina Comedia*, trabajó exiliado y bajo sentencia de muerte. Beethoven estaba casi sordo y agobiado por preocupaciones cuando creó sus más grandes composiciones.

Cuando Dios quiere educar a un hombre no lo envía a una escuela de gracias, sino de necesidades. Pasando por el pozo y el calabozo es que Josué llegó al trono de Egipto. Moisés pastoreaba ovejas en el desierto antes que Dios lo llamara a su servicio. Pedro, humillado y arrepentido por negar a Cristo, aceptó el llamamiento «apacienta mis ovejas». Oseas fue amado y cuidado por una mujer infiel que estaba fuera de la obediencia a Dios.

En el lenguaje chino, las palabras completas se escriben con un símbolo. Con frecuencia, cuando dos símbolos completamente distintos se ponen juntos, tienen un significado diferente al de sus dos componentes separados. Un ejemplo es el símbolo que significa «hombre» y el que significa «mujer». Combinados, significan «bueno».

Sucede lo mismo con sueños y problemas. Como las respuestas dependen siempre de las preguntas, así las oportunidades de la vida dependen directamente de nuestros problemas. Tomás Edison dijo: «Hay mucho más oportunidades que personas para verlas».

Los grandes líderes surgen cuando ocurren las crisis. En las vidas de las personas que triunfan vemos repetidamente terribles problemas que les fuerzan a levantarse por encima del promedio común. No sólo encuentran las respuestas sino que descubren un tremendo poder dentro de sí mismas. Como el agua subterránea produce olas muy adentro en el océano, esta fuerza interior explota en una poderosa onda cuando las circunstancias parecen superarse. Entonces transpone el límite el deportista, el autor, el estadista, el científico o el hombre de negocios. David Sarnoff dijo: «Hay mucha seguridad en el cementerio; anhelo las oportunidades».

Sabremos si nuestra actitud está en el carril apropiado cuando seamos como el modesto hombre de negocios cuya tienda de ropa estaba amenazada con desaparecer. La tienda de una cadena nacional se había instalado allí y había adquirido todas las propiedades de su manzana. Este hombre muy particular se rehusó a vender. «Muy bien, entonces construiremos a su alrededor y lo sacaremos del negocio», le dijeron los competidores. Llegó el día cuando el pequeño comerciante se encontró encerrado, con una nueva tienda por departamentos rodeando por ambos lados a su pequeño negocio. Los cartelones de los competidores anunciaban «¡Gran inauguración!» El comerciante puso un cartel a todo lo ancho de su tienda que decía: «Entrada principal».

Aplicación de actitud:

Enumere dos problemas que al momento son parte de su vida. Al lado escriba sus reacciones ante ellos. ¿Son negativas? Su reto: Descubra por lo menos tres posibles beneficios de cada problema. Ahora, enfréntese con el problema poniendo sus ojos en los beneficios, no en las dificultades.

Axioma de actitud # 6
Nuestra actitud puede darnos una poco común perspectiva positiva

Resultado de esa verdad: el logro de metas poco comunes. He observado las diferentes metodologías y los resultados logrados por un pensador positivo y por una persona llena de temor y aprensión.

Ejemplo: Cuando Goliat vino contra los israelitas, todos los soldados pensaron: *Es tan grande que jamás podremos matarlo.* David miró al mismo gigante y pensó *Es tan grande que no puedo perder.*

Ejemplo: Cuando usted va a un centro comercial o a cualquier lugar público lleno de automóviles y gente, ¿comienza a buscar estacionamiento comenzando por el punto más lejano, acercándose al edificio? ¿O maneja hasta cerca del edificio pensando que alguien salga y usted pueda estacionarse? Si conduce desde una perspectiva positiva de la vida, siempre irá lo más cerca posible del edificio. Un amigo me preguntó por qué siempre creía que podría hallar un puesto de estacionamiento cerca del edificio. Le respondí: «Las probalidades de que una persona que salga de la tienda haya estacionado allí son mayores. Puesto que ese individuo llegó a la tienda temprano, con seguridad se estacionó lo más cerca». Cuando sale, estaciono mi coche en ese sitio y le saludo amistosamente. Es lo menos que puedo hacer por una persona que me ha guardado espacio para estacionarme.

El presidente del Moody Bible Institute, George Sweting, en su sermón titulado: «La actitud es muy importante», cuenta de un escocés que era excelente trabajador y esperaba que todos los hombres a sus órdenes lo fueran. Sus hombres le tomaban el pelo diciéndole: «Scotty, ¿no sabes que Roma no se construyó en un día?» «Sí», respondió, «lo sé, pero yo no era capataz en esa obra».

El individuo cuya actitud le hace mirar la vida desde una perspectiva enteramente positiva, no siempre es comprendido. Es lo que algunos llamarían «una persona que no tiene límite». En otras palabras, una persona que no acepta las limitaciones normales de la vida como la mayoría. Es renuente a aceptar «lo aceptado» solamente porque es aceptado. Su respuesta a las condiciones autolimitantes probablemente será un «¿Por qué? en vez de un «Está bien». Él tiene limitaciones en su vida. Sus talentos no son tan excelentes que no pueda fallar. No, pero está determinado a caminar hasta el borde de su potencial o del potencial de un proyecto, antes de aceptar una derrota.

Es como un abejorro. Según una teoría de aerodinámica, demostrada en pruebas realizadas en el túnel de viento, el abejorro es incapaz de volar. Debido al tamaño, peso y forma de su cuerpo en relación con la envergadura de las alas desplegadas, el volar es científicamente imposible para él. El abejorro, ignorando esta teoría científica va y vuela de cualquier manera y hace miel todos los días.

Esta estructura mental permite a una persona comenzar cada día con una disposición positiva, como el ascensorista el lunes por la mañana. El elevador estaba lleno y el hombre tarareaba una tonada. Un pasajero irritado por el ánimo del hombre le espetó: «¿Por qué está tan feliz?»

«Bueno, señor», replicó el hombre alegremente, «¡Yo nunca he vivido este día antes!»

Cuando le preguntaron a Frank Lloyd Wright, a la edad de 83 años, a cuál de sus trabajos consideraría como su obra de arte, contestó: «Al próximo».

El futuro no solamente parece brillante cuando la actitud es correcta, sino que también el presente es mucho más placentero. La persona positiva entiende que el viaje es tan agradable como el lugar de destino.

Un día, un hombre observaba a dos albañiles construyendo un edificio. Notó que uno de los trabajadores continuamente refunfuñaba, gruñía y maldecía su trabajo. Cuando le preguntaron qué hacía, replicó: «Poner una piedra sobre otra todo el día, hasta que mi espalda parece que se parte». El otro albañil silbaba mientras trabajaba. Sus movimientos eran rápidos y seguros y su cara resplandecía de satisfacción. Cuando le preguntaron qué hacía, replicó: «Señor, no estoy solamente haciendo una pared de piedra. Estoy ayudando a construir una catedral».

En Ohio, un amigo mío trabajaba como conductor en una compañía estatal de camiones. Conociendo los cientos de millas que manejaba cada semana, le pregunté cómo evitaba sentirse extremadamente cansado. «Todo está en la actitud», contestó. «Algunos conductores "van a trabajar" en la mañana, pero yo "voy a dar un paseo por el país"». Esa clase de perspectiva positiva le da el «margen» en la vida.

Aplicación de actitud:

Reconozca la limitación que usted o sus amigos tengan ahora. Con cada ejemplo de limitación haga la pregunta ¿Por qué? Ejemplo: «¿Por qué escojo un lugar de estacionamiento alejado, sin cerciorarme si hay uno más cercano primero?» Haga mentalmente la decisión de ser una «persona no limitada» cada vez que se haga la pregunta ¿Por qué?

Axioma de actitud # 7
Nuestra actitud no es automáticamente buena por el solo hecho de que seamos cristianos

Es digno de notarse que los siete pecados capitales: orgullo, avaricia, lujuria, envidia, ira, glotonería, pereza, no son sino asuntos de actitud, espíritu interior y motivos. Tristemente, muchos cristianos carnales acarrean problemas espirituales internos. Son como el hermano mayor del hijo pródigo, pensando que todo lo hacen bien. Él decidió quedarse en casa con el padre. De ninguna manera iba a malgastar su tiempo inútilmente. Sin embargo, cuando el hermano más joven regresó a casa, algunas de las actitudes erróneas del hermano mayor salieron a la superficie.

Primero, tuvo un sentimiento de importancia propia. El hermano mayor estaba afuera en el campo, haciendo lo que tenía que hacer, pero se enojó cuando comenzó la fiesta en casa. No se enojó porque no le gustaran las fiestas. Sé que le gustaban, porque se quejó a su padre reclamándole que nunca le había dejado tener una.

Le siguió un sentimiento de autocompasión. El hermano mayor dijo: «He aquí, tantos años te sirvo, no habiéndote desobedecido jamás, y nunca me has dado ni un cabrito para gozarme con mis amigos. Pero cuando vino este tu hijo, que ha consumido tus bienes con rameras, has hecho matar para él el becerro gordo» (Lucas 15.29, 30).

Casi siempre pasamos por alto el verdadero significado de la historia del hijo pródigo. Olvidamos que no tenemos uno sino dos pródigos. El hermano más joven era culpable de los pecados de la carne, mientras que el hermano mayor era culpable de los pecados del espíritu (actitud). Cuando la parábola termina, es el hermano mayor el que está fuera de la casa del padre.

En Filipenses 2.3-8, Pablo habla de las actitudes que debemos poseer como cristianos:

> Nada hagáis por contienda o por vanagloria; antes bien con humildad, estimando cada uno a los demás como superiores a él mismo; no mirando cada uno por lo suyo propio, sino cada cual también por lo de los otros. Haya, pues, en vosotros este sentir que hubo también en Cristo Jesús, el cual, siendo en forma de Dios, no estimó el ser igual a Dios como cosa a qué aferrarse, sino que se despojó a sí mismo, tomando forma de siervo, hecho semejante a los hombres; y estando en la condición de hombre, se humilló a sí mismo, haciéndose obediente hasta la muerte y muerte de cruz.

Pablo menciona cinco cosas sobre la actitud cristiana adecuada:

1. Hacer las cosas por las razones correctas (v. 3).
2. Considerar a los demás como más importantes que uno mismo (v. 3).
3. Mirar el interés de los demás (v. 4).
4. Cristo reconoció su condición de hijo y por eso quería servir a Dios y a los demás.
5. Poseer la actitud de Cristo, que no estaba hambriento de poder (v. 6) sino que se despojó a sí mismo (v. 7), demostró obediencia (v. 8) y cumplió el propósito de Dios (v. 8).

Cuando el énfasis en nuestra manera de vivir no se centra en el versículo 4, buscando nuestros propios intereses personales, somos como el hermano mayor. Alimentamos actitudes de celo, compasión y egoísmo. Los cristianos que no poseen una causa más grande que ellos mismos no son tan felices como los que no conocen a Cristo como Salvador, pero sin embargo tienen un propósito más grande que ellos mismos.

Esta actitud de «hermano mayor» tiene tres posibles resultados, ninguno de los cuales es positivo.

Primero, es posible para nosotros ocupar el lugar y el privilegio de un hijo y al mismo tiempo rehusar las obligaciones de un hermano. Exteriormente, el hermano mayor era correcto, consciente, diligente y responsable, pero su actitud no era la adecuada. Además, una relación equivocada con el hermano produjo una relación tensa con el padre (Lucas 15.28).

Segundo, es posible servir al Padre fielmente y sin embargo no estar en comunión con él. Una relación correcta, debe, por lo general, producir intereses y prioridades similares. Sin embargo, el hermano mayor no tenía idea de por qué el padre debía regocijarse con el regreso de su hijo.

Tercero, es posible ser un heredero de todo lo que nuestro Padre tiene y sin embargo tener menos gozo y libertad que uno que no tiene nada. Los criados estaban más felices que el hijo mayor, comieron, rieron y bailaron, mientras este se quedó afuera reclamando sus derechos.

Una actitud equivocada mantuvo al hermano mayor lejos del deseo del corazón de su padre, del amor de su hermano, y de la alegría de los criados. Las actitudes equivocadas en nuestras vidas bloquearán las bendiciones de Dios y nos harán vivir por debajo del potencial de Dios para nosotros.

Aplicación de actitud:

Cuando nuestra actitud comienza a corroernos como al hermano mayor, debemos recordar dos cosas:

1. *Nuestro privilegio*: «Hijo, tú siempre estás conmigo» (v. 31).
2. *Nuestras posesiones*: «Todas mis cosas son tuyas» (v. 31).

Tómese un momento para hacer una lista de todos sus privilegios y posesiones en Cristo. ¡Cuán ricos somos!

Sección II

Construya su actitud

4

Es difícil volar con las águilas cuando se tiene que vivir con los pavos

La última de las libertades humanas es escoger la actitud de uno en cualquier clase de circunstancias.

Victor Frankl

Lo que nos rodea controla nuestro vuelo. Pensar como pavos + hablar como pavos = caminar como pavos. Nos mezclamos rápidamente con el color que nos rodea. Similaridades en el pensamiento, peculiaridades, prioridades, manera de hablar y opiniones son muy comunes en las culturas. Todos conocemos personas casadas que con el paso de los años se parecen más y más entre sí. Muchas veces los miembros de la familia muestran rasgos físicos parecidos.

Un hombre que no había visto a su hermano por años fue a recogerlo en el aeropuerto. Después de un momento de espera, uno de los hermanos cruzó el terminal. Sin vacilación, el otro lo llamó por su nombre y tuvieron una reunión familiar feliz. Cuando le preguntaron cómo reconoció a su hermano, dijo enseguida: «Supe que era mi hermano porque caminaba como mi padre».

Es verdad: Nos ajustamos fácilmente a nuestro medio ambiente. Nuestros hijos, Elizabeth y John Porter, son adoptados. Aunque poseen sus propias identidades, también han llegado a parecerse a sus padres adoptivos. Los que saben que los niños son adoptados, constantemente destacan las similaridades. En efecto, mi madre que vino desde el este para visitarnos, destacó el parecido físico entre Elizabeth y mi esposa Margaret. De pronto exclamó: «¡Olvidé que es adoptada!»

Sin lugar a dudas, el ambiente circundante nos ayuda también a construir nuestras actitudes.

La palabra «elección» se coloca al otro lado de «ambiente», al formar actitudes. Hablando más lógica que emocionalmente, esta palabra nos dice: «Somos libres para escoger nuestras actitudes». Esta lógica se vuelve más convincente en la voz de Victor Frankl, sobreviviente de un campo de concentración Nazi, que dijo: «La última de las libertades humanas es escoger la actitud de uno en *cualquier* clase de circunstancias dada».

Job, enfermo, desconsolado y golpeado por la pobreza, rehusó escuchar el consejo de su esposa que le dijo: «¡Maldice a Dios y muérete!» Le reprendió diciéndole: «Como suele hablar cualquiera de las mujeres fatuas has hablado. ¿Qué? ¿Recibiremos de Dios el bien, y el mal no lo recibiremos?» (Job 2.10). Estos dos puntos de vista sobre cómo se forman las actitudes, levantan la pregunta: «¿Qué viene primero? ¿La condición o la selección?»

La siguiente cartilla nos ayudará a contestar esa pregunta.

¿Qué viene primero?

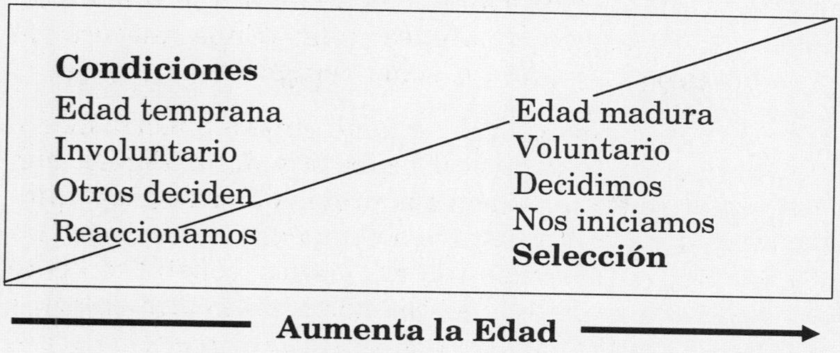

Condiciones	
Edad temprana	Edad madura
Involuntario	Voluntario
Otros deciden	Decidimos
Reaccionamos	Nos iniciamos
	Selección

Aumenta la Edad →

En nuestros primeros años nuestras actitudes están determinadas principalmente por nuestras condiciones. Un bebé no escoge su familia ni su ambiente, pero a medida que crece también crecen sus opciones. Hace poco, dirigía un seminario sobre liderazgo en Columbus, Ohio. Durante todo un día hablé de la importancia de nuestras actitudes y de cómo influyen en nuestras vidas. En uno de los recesos, un hombre me contó la siguiente historia:

> Desde que tengo memoria, no recuerdo haber oído un cumplido o un estímulo de parte de mi padre. Su padre había pensado que era un poco afeminado expresar afecto o siquiera aprecio. Mi abuelo era un perfeccionista que trabajaba mucho y esperaba que todos hicieran lo mismo, sin ningún apoyo. Y puesto que no era positivo ni comunicativo había tenido constantes cambios de empleo.
>
> Por causa de mi formación, me ha sido difícil estimular a mi familia. Esta actitud crítica y negativa ha estorbado mi trabajo. Crié cinco hijos y viví ante ellos una vida cristiana. Lamentablemente, es más fácil para ellos ver mi amor hacia Dios que mi amor hacia ellos. Están hambrientos de estímulo y aprecio. Lo trágico es que han recibido la herencia de la mala actitud y ahora veo que están pasándola a mis preciosos nietos.
>
> Nunca antes me he dado tanta cuenta de cómo se «capta una actitud» de las condiciones circundantes. Obviamente,

esta actitud equivocada ha pasado a lo largo de cinco generaciones. ¡Ahora es el momento de detenerla! Hoy hice una decisión consciente de cambiar. No sucederá de la noche a la mañana, pero sucederá. No será fácil realizarla pero se realizará.

En esta historia notamos tanto las condiciones que moldean nuestro pensamiento como la decisión de cambiarlo. Ambas cosas desempeñan un importante papel en la formación de nuestra actitud. Ninguna de estas cosas puede, por sí sola, ser responsable de formar nuestra manera de pensar.

Aplicación de actitud:

Haga una lista de aquellas condiciones que hayan tenido influencias positivas y negativas en su vida (por ejemplo, si en una situación particular decidió escoger lo bueno de la circunstancia o ver el asunto con humor).

Condiciones:		Decisión:	
Positivo:	Negativo:	Positivo:	Negativo:

5

Verdades fundamentales sobre la construcción de la actitud

Las corrientes de aire de la vida nos sacan de nuestro lugar y tratan de impedirnos alcanzar nuestras metas. Un temporal inesperado puede cambiar nuestra dirección y nuestra estrategia. Debemos ajustar nuestro pensamiento continuamente para que podamos vivir bien.

John Maxwell

Antes de observar cosas específicas que ayudan a crear actitudes, debemos entender algunos principios básicos para la formación de ellas.

1. Los años formativos del niño son los más importantes para inculcarle las actitudes correctas.

Los especialistas infantiles están de acuerdo en que el desarrollo, durante los primeros años, de un modo de pensar positivo, es la principal razón para el éxito futuro del niño. Las actitudes que aceptamos cuando niños son por lo general las que adoptamos cuando adultos. Es difícil que nos desviemos de nuestra preparación inicial. Proverbios 22.6, dice: «Instruye al niño en su camino, y aun cuando fuere viejo no se apartará de él». ¿Por qué? Porque el sentimiento y las actitudes que formamos en los primeros años de vida llegan a ser parte de nosotros. Nos sentimos bien con ellos aunque puedan ser errados. Aun cuando nuestras actitudes nos hagan sentir mal, son difíciles de cambiarlas.

Durante mi último año de la escuela secundaria decidí aprender a jugar golf por mi propia cuenta. Por varios meses jugué incorrectamente pero con entusiasmo. Un día, estando en el campo de golf, un amigo me dijo: «John, tu problema es que te quedas muy cerca de la pelota *después* que la golpeas». Había desarrollado un efecto que mandaba a la bola con una curvatura por el cielo. Bueno, no habría problema, compensaría mi efecto. Para que aterrice la bola en la calle apunté al bosque que tenía a la izquierda.

Entonces otro día jugué con un excelente golfista. La bola fue derecho y su viraje fue lento. Después de observar algunos de mis tiros de bumeran, me ofreció su ayuda. «¿Qué es lo malo de mi juego?», pregunté. «¡Todo!», contestó.

De esa manera comenzaron las lecciones. Después de varias semanas me di cuenta que es más difícil aprender algo equivocado, luego olvidarlo y volver a aprenderlo, que aprenderlo correctamente desde la primera vez. Lo mismo sucede con nuestras actitudes. Las cosas que sentimos y aceptamos a temprana edad tienden a pegarse tenazmente a nosotros aun cuando conozcamos algo mejor y deseemos cambiar. Las primeras impresiones en nuestras vidas no son solamente impresiones, sino muchas veces grabaciones indelebles.

2. La formación de una actitud nunca cesa

Nuestra actitud se forma de las experiencias y de la manera cómo reaccionamos ante ellas. Por eso, mientras vivimos, estamos formando, cambiando o reforzando actitudes. No hay tal cosa como una actitud inalterable. Somos como la pequeña niña a la que su maestro de Escuela Dominical le preguntó: «¿Quién te hizo?» Ella respondió: «Bueno, Dios me hizo una parte». «¿Qué quieres decir con que Dios te hizo una parte?», preguntó el sorprendido maestro. «Bueno, Dios me hizo un poco, y yo me hice el resto por mí misma».

¡Qué gran verdad! Las actitudes formadas en nuestros primeros años, no permanecen necesariamente iguales a través de los años. Muchas veces los matrimonios pasan a través de «aguas profundas» debido al cambio de la actitud del cónyuge.

Mi papá siempre ha sido una influencia positiva en mi vida. En una ocasión cuando visitaba a mis padres, lo encontré leyendo el libro de Norman Vincent Peale, *El poder del pensamiento positivo*. Cuando le recordé que ya había leído ese libro anteriormente, me respondió con entusiasmo: «¡Por supuesto! Debo continuar formando mi actitud».

3. Mientras más se desarrolle nuestra actitud sobre el mismo fundamento, más sólida será

El refuerzo de nuestras actitudes fundamentales, sean positivas o negativas, las hace más resistentes. Mi padre comprendió esta verdad al decidirse a leer otra vez sus libros sobre pensamiento positivo. Una de sus prácticas para el desarrollo de su actitud era escribir un pensamiento positivo en una tarjeta de 3 x 5 y leerlo repetidamente durante todo el día. Muchas veces lo he visto sacar la tarjeta durante recesos de quince segundos y leer la frase positiva. He decidido hacer de esto un hábito para mí también. Descubro que mientras más refuerzo mi mente con lectura excelente, más fuerte soy.

4. Muchos constructores (especialistas) ayudan a formar nuestras actitudes en cierto tiempo y lugar

Se necesitan ciertos especialistas en la construcción de una casa para hacer toda la estructura. Su tiempo puede ser mínimo y su contribución pequeña, sin embargo son parte de la construcción de esa casa. De la misma manera, ciertas personas vienen a nuestras vidas en determinados momentos para ayudar a construir o a desbaratar nuestra perspectiva.

Una señora me escribió: «En mi último año de la escuela secundaria, mi profesora de inglés tomó un ensayo que escribí y lo puso en el pizarrón. Luego comenzó a romperlo delante de la clase. Me sentí humillada y tonta. Luego me dijo que no duraría ni un año en la universidad. Nunca he olvidado ese incidente». Una profesora, en un día, afectó una autoimagen para toda la vida.

5. No hay tal cosa como una actitud perfecta o intachable

En otras palabras, todos tenemos actitudes que necesitan ser remodeladas. Cuando mi amigo Paul me enseñó sobre los aviones, dijo: «El avión no es hecho para no tener equilibrio en el vuelo». Los aviones necesitan constantemente ajuste para volar efectivamente. Sucede igual con nuestras actitudes. Las corrientes de aire de la vida nos sacan de nuestro lugar y tratan de impedirnos alcanzar nuestras metas. Temporales inesperados cambian nuestra dirección y estrategia. Nuestras actitudes necesitan ajuste por cada cambio que viene a nuestras vidas.

Necesitamos ser como la vieja mula de un granjero de Missouri. Un día se cayó en un pozo seco. El granjero que la encontró allí hizo todo cuanto estubo a su alcance para sacarla. Finalmente, viendo que el rescate era imposible, comenzó a enterrarla. Cuando echó en el pozo un carga de tierra de un camión, la tierra comenzó a rellenar el pozo y la mula resoplando comenzó a pisar fuerte. Pronto, la vieja «cara triste» estaba parada sobre toda la tierra, dos pies más arriba que antes. Después de descargar unos cuantos camiones de tierra, la mula llegó triunfalmente al borde del pozo y salió caminando.

Todo el mundo encuentra tormentas y pozos secos en su vida que amenazan con doblegar su actitud. El secreto para una llegada segura es ajustar continuamente su perspectiva.

Aplicación de actitud:

Nuestra actitud no permanece estancada. Un balón a medio inflar está lleno de aire, pero no está lleno a toda su capacidad. Una banda de caucho mantiene juntos los objetos que sostiene y es efectiva solamente cuando está apretada. ¿Qué encuentra usted en su vida que demande apretar su actitud? ¿Está haciendo ajustes?

Escriba lo que siente que será su próxima «tormenta». Ahora, piense en la estrategia que empleará para contrarrestar una posible mala actitud relacionada con esa situación.

6

Materiales que se usan en la formación de la actitud

A la gente no le importa cuánto usted sabe, hasta que sabe cuánto a usted le importa.

John Maxwell

Como habrá notado, las actitudes no se dan automáticamente, ni son formadas en el vacío. Este capítulo trata de las principales influencias que hacen de nuestra actitud lo que es. Aunque estos «materiales», enumerados a continuación en orden cronológico, se superponen, su influencia es mayor unas veces que otras.

Personalidad/Temperamento

NACIMIENTO:	Medio ambiente
EDADES 1-6:	Expresión verbal
	Aceptación de los adultos/ estímulo

EDADES 6-10:	Autoimagen Receptivo a experiencias nuevas
EDADES 11-21:	Asociación con los compañeros
EDADES 21-61:	Apariencia física Matrimonio, familia, trabajo Éxito Ajustes Afirmación de la vida

Todos estos factores juegan un papel importante en nuestras vidas y no podemos realmente «encajonarlos» en edades. Sin embargo, como indicamos arriba, hay ciertas edades en las que estos factores tienen más influencia.

Aplicación de actitud:

Piense en los materiales con los que ha construido su actitud. Escriba sus respuestas.

PERSONALIDAD/TEMPERAMENTO: LLegué a este mundo con una personalidad ______________________? Esto afectó mi actitud cuando ______________________.

AMBIENTE: Cuando niño, mi ambiente era por lo general: (a) seguro, (b) inestable, (c) intimidante.

EXPRESION VERBAL: Recuerdo una ocasión cuando alguien me dijo algo positivo o negativo que afectó mi actitud. Coméntelo y explique las circunstancias.

____

____

ACEPTACIÓN DE LOS ADULTOS/ESTÍMULO: Desde que recuerdo me sentí: (a) aceptado, (b) rechazado por mis padres.

AUTOIMAGEN:	Pobre				Destacada
Mi autoimagen como niño era:	1	2	3	4	5
Mi autoimagen como adulto es:	1	2	3	4	5

RECEPTIVIDAD A NUEVAS EXPERIENCIAS: Una experiencia positiva y una negativa que me ayudaron a formar mi actitud:

____

____

ASOCIACIÓN CON LOS COMPAÑEROS: __________ fue la primera persona que tuvo una fuerte influencia en mi vida. Ahora ______________ es la persona más importante y afecta mayormente mi actitud.

APARIENCIA FÍSICA: ¿Qué es lo que más me gusta de mi apariencia? ¿Qué debo cambiar? ¿Por qué?

____

____

MATRIMONIO, FAMILIA, TRABAJO: (Estas son las tres áreas de su vida que pueden determinar grandemente su actitud.) ¿Qué área me afecta positivamente? ¿Hay alguna que me afecta negativamente? ¿Qué voy a hacer con las influencias negativas?

ÉXITO: (Complete esta oración.) El éxito es:

____

¿Soy una persona con éxito a la vista de quienes más amo?

AJUSTES FÍSICOS Y EMOCIONALES: Tres ajustes

difíciles que he tenido que hacer en los últimos cinco años son:

___

___

___

¿Cómo ha cambiado mi actitud debido a eso?

EVALUACIÓN DE SU VIDA: Hasta ahora, mi vida ha sido: (a) realizada, (b) irrealizada. La vida comienza en ______ .

Ahora que ha evaluado cómo su perspectiva fue afectada en varias fases de su vida, observemos los materiales específicos que forman su actitud.

Personalidad: Quién soy

> Porque tú formaste mis entrañas; tú me hiciste en el vientre de mi madre. Te alabaré; porque formidables, maravillosas son tus obras; estoy maravillado, y mi alma lo sabe muy bien (Salmos 139.13, 14).

Nacemos como individuos diferentes. Aun dos hijos de los mismos padres, con el mismo ambiente y la misma preparación, son totalmente diferentes el uno del otro. Estas diferencias son el «condimento de la vida» que a todos nos gusta. Como las casas rodantes, que parecen todas iguales, si todas las personas tuvieran iguales personalidades, nuestro viaje por la vida sería ciertamente aburrido.

Me encanta la historia de dos hombres que, mientras pescaban juntos, hablaban de sus esposas. Uno dijo: «Si todos los hombres fueran como yo, todos quisieran casarse con mi esposa». El otro replicó inmediatamente: «Si todos los hombres fueran como yo, ninguno de ellos quisiera casarse con ella».

Un conjunto de actitudes acompaña a cada personalidad. Por lo general la gente con cierto temperamento desarrolla actitudes comunes a ese temperamento. Hace unos pocos años, el pastor y consejero Tim LaHaye nos hizo reconocer nuestros cuatro temperamentos básicos. Por medio de la observación he notado que una persona con lo que se llama un temperamento colérico demuestra casi siempre actitudes de perseverancia y agresividad. Una persona con temperamento sanguíneo será por lo general positiva y verá siempre el lado optimista de la vida. Los que tienen temperamento introspectivo melancólico serán a veces negativos, mientras que el flemático dirá: «Fácilmente viene, fácilmente va». La personalidad de un individuo se compone de una mezcla de estos temperamentos, aunque hay excepciones. Sin embargo, un temperamento deja un rastro que puede ser identificado analizando las actitudes de una persona.

Medio ambiente: Lo que me rodea

> Por tanto, como el pecado entró en el mundo por un hombre, y por el pecado la muerte, así la muerte pasó a todos los hombres, por cuanto todos pecaron (Romanos 5.12).

Creo que nuestro medio ambiente es un factor de control mayor en el desarrollo de nuestra actitud, más que nuestra personalidad u otros rasgos heredados.

Antes que Margaret y yo formáramos nuestra familia, decidimos adoptar nuestros hijos. Quisimos dar a un niño que no pudiera normalmente tener el beneficio de un hogar cristiano, una oportunidad de vivir en ese ambiente. Aunque nuestros hijos no se parezcan físicamente a nosotros, ciertamente se han moldeado por el ambiente en el que les hemos criado.

Es el ambiente de los primeros años de la infancia el que desarrolla el «sistema de creencias». El niño toma continuamente prioridades, actitudes, intereses y filosofías de ese ambiente. Es verdad que *lo que yo creo afecta mi actitud*. Pero lo que creo puede ser falso. Lo que creo puede no ser saludable. Puede herir a otros y destruirme. Sin embargo, la actitud es reforzada por las creencias, correctas o incorrectas.

El ambiente es el primer factor de influencia en nuestro sistema de creencias. Por eso el fundamento de la actitud está en el ambiente en el que nacimos. El ambiente llega a ser aun más importante cuando nos damos cuenta que *las actitudes iniciales son las más difíciles de cambiar*.

Debido a esto, cuando miramos a la sociedad tendemos a sentir pánico ante el solo pensamiento de traer un hijo a este mundo. Una persona dijo, con pesimismo:

> La basura es insoportable;
> las botellas no son reciclables;
> las latas no son inflamables;
> el estruendo es increíble;
> el atún no es comestible;
> las torres petroleras marítimas son filtrables;
> las carteleras son incalificables;
> los barrios bajos son irremediables;
> la contaminación es inaguantable;
> los fosfatos no son solubles;
> los problemas parecen insolubles;
> la gente imperdonable;
> y la vida ha llegado a ser intolerable.

Autor desconocido.

Un cristiano no debe ver la sociedad tan negativamente. Con Jesús la vida es maravillosa. Saber esto nos da esperanza en cualquier ambiente. El apóstol Pedro dijo que la misericordia de Cristo nos hizo renacer para «una esperanza viva» (1 Pedro 1.3).

Sin embargo, la edad y el cristianismo no nos hacen inmunes a las influencias de nuestro medio ambiente. Fui pastor de la Faith Memorial Church en Lancaster, Ohio, por más de siete años. Recuerdo 1978 como el año en que el centro de Ohio recibió muchos chubascos de nieve y agua helada. Noté que la mayoría de los meteorólogos tienen una mala actitud, dan no solamente la temperatura sino también las condiciones del viento helado. Por más de treinta días la temperatura jamás subió por encima del punto de congelamiento. Las cuentas de gas y electricidad fueron altas todo el tiempo. La gente se volvió claustrofóbica mientras permanecía «congelada» en su encierro por días. Resultado: depresión. Pasé un promedio de treinta horas a la semana aconsejando a la gente que luchaba con problemas de actitud debido al mal tiempo. En efecto, había veces en que yo mismo cerraba mis ojos en oración, esperando escuchar a Dios decirme: «Hijo, vete a Hawai». Hasta el tiempo inclemente puede «depositar nieve en nuestras alas» haciéndonos perder altitud en nuestra actitud.

Expresión verbal: Lo que oigo

La fe viene por el oír (Romanos 10.17).

Palos y piedras pueden romper mis huesos
pero las personas nunca me herirán.

¡No crea eso! Después que desaparecen las heridas y el dolor físico, el dolor interno producido por las palabras hirientes todavía permanece. Durante una de nuestras reuniones de personal pedí a los pastores, secretarias y guardianes que levantaran su mano si recordaban alguna experiencia de la infancia en la que las palabras de alguien les hiriera profundamente. Todos levantaron su mano.

Un pastor recordó la ocasión cuando estaba sentado en un círculo de lectura en la escuela. (¿Recuerdan cuán intimidantes eran esas sesiones?) Cuando le llegó su turno para leer, pronunció mal la palabra «fotografía». El profesor le corrigió y toda la clase rió. Todavía lo recuerda... cuarenta años más tarde. Un resultado positivo de esa experiencia fue su deseo, desde ese momento, de pronunciar las palabras correctamente. Ahora se destaca como un orador debido a esa determinación.

Otro pastor contó al grupo acerca de sus primeros días en el seminario. Se sentía abrumado e intimidado por esa nueva experiencia. El peso del trabajo le parecía imposible de soportar. Había que leer miles de páginas, palabras griegas que aprender, versículos bíblicos que memorizar y papeles que escribir. Aunque no había contado a nadie la presión que sentía, era obvio que lo notaban.

Uno de los estudiantes se levantó, puso su brazo sobre su hombro, y le dijo: «Amigo, quiero decirte algo. No importa cuán grande sea la roca. Si sólo te preocupas por golpearla, el momento menos pensado se hará pedazos». El pastor dijo: «De pronto, la inmensa roca me pareció controlable y comencé a golpearla firme y constantemente, poco a poco. Y en efecto, tal como había sido programado —tres años más tarde— la roca "se hizo pedazos" y eso se llamó "graduación". Las palabras que oí aquella ocasión fueron reconfortantes en vez de hirientes».

Las palabras son poderosas... sin embargo, no tienen sentido hasta que se añaden a un contexto. Las mismas palabras, viniendo de dos diferentes personas, rara vez se reciben de la misma manera. Las mismas palabras en frases diferentes rara vez causan el mismo impacto. Las mismas palabras, viniendo de la misma persona, se interpretan a la luz de la actitud del que las pronuncia. Un padre trataba de enseñar a su hijo esta verdad. Un día, el muchacho vino a casa y le dijo: «Papá, creo que fracasé en mi examen de aritmética». Su padre le dijo: «Hijo, no digas eso; eso es negativo. Sé positivo». Así que el muchacho dijo: «Papá, fracasé positivamente en mi examen de aritmética».

Las palabras pueden influir aun en la prolongación o acortamiento de nuestras vidas. Si la mayoría de nuestras conversaciones tienen una tendencia negativa, estoy seguro que es mejor no decir nada. Hace algunos años, a los nuevos ingenieros de la división de lámparas de la General Electric, les encargaron, como una broma, la tarea imposible de congelar las bombillas por adentro. Un novato nada tímido llamado Marvin Papkin, no solo encontró una manera de congelar las bombillas por adentro, sino que inventó un ácido para grabar que dejaba diminutos hoyuelos redondeados en la superficie en vez de agudas depresiones. Esto fortalecía cada bombilla. ¡Nadie le había dicho que no podía hacerse, así que lo hizo!

Aceptación adulta/Afirmación: Lo que siento

> Mas Dios muestra su amor para con nosotros, en que siendo aun pecadores, Cristo murió por nosotros (Romanos 5.8).

Cuando hablo a líderes, les menciono la importancia de la aceptación/afirmación de quienes dirigen. Es cierto que *a la gente no le importa mucho lo que usted sabe, hasta que sabe lo mucho que a usted le importa.*

Recuerde sus días escolares. ¿Cuál era su profesor favorito? ¿Por qué? Probablemente recuerde con más gratitud al que le aceptó y afirmó. Rara vez recordamos lo que el profesor nos dijo, pero sí recordamos cuánto nos amó. Antes de buscar enseñanza, buscamos entendimiento. Después que hemos olvidado las enseñanzas, recordamos el sentimiento de aceptación o rechazo.

Muchas veces he preguntado a las personas si les gustó el sermón de su pastor de la semana anterior. Luego que responden afirmativamente, les pregunto: «¿Cuál fue el tema?» El setenta y cinco por ciento de las veces no pueden darme el título del sermón. No recuerdan el tema exacto, pero recuerdan la atmósfera que había y la actitud con que se predicó.

Mis tres maestros favoritos de Escuela Dominical son lindos ejemplos de esta verdad. Primero vino Katie, mi maestra de segundo grado. Cuando estaba enfermo y faltaba a su clase, venía a visitarme el siguiente lunes. Me preguntaba cómo me sentía y me daba una chuchería de cinco centavos que para mí valía un millón de dólares. Me decía: «Johnny, siempre enseño mejor cuando tú estás en clase. Cuando vengas el próximo domingo por la mañana, ¿querrías levantar la mano para que yo sepa que estás entre los alumnos? Entonces enseñaré mejor».

Cuando amanecía el siguiente domingo por la mañana, me levantaba y me preparaba para ir a la Escuela Dominical. ¡Ni la rubiola, ni la gripe asiática, ni la fiebre de heno del Mediterráneo combinadas, me impedirían obtener esa clase de afirmación y aceptación de parte de Katie! Todavía puedo verme levantando mi mano y contemplando la sonrisa que me dirigía Katie desde el frente de la sala de clases.

También recuerdo a otros chicos levantando sus manos cuando comenzaba su lección. Su clase creció rápidamente y el superintendente de la Escuela Dominical quiso dividirla para formar una nueva al otro lado del pasillo. Para ello pidió voluntarios, pero ninguno levantó su mano. Ese día, el segundo grado tuvo la primera «huelga de sentados» de la iglesia. Nuestro lema era: «No nos moveremos» ¿Por qué? Ninguno de los muchachos quería ir al otro lado del pasillo con una nueva maestra y perderse las continuas demostraciones de amor de Katie.

Mi segundo maestro favorito era Roy Rogers (no el artista). Fue mi maestro en el cuarto grado. Asimismo, no recuerdo mucho lo que decía, pero sí lo que hacía. Daba amor y aceptación a un grupo de muchachos de cuarto grado, junto con su tiempo. Nos llevaba al Ted Lewis Park y nos enseñaba a jugar béisbol. Aprendíamos mucho con él, nos reíamos. Sudábamos y nos ensuciábamos juntos. Después, luego de una tarde en el diamante, Roy nos llevaba en su camioneta al Dairy Queen para comer un «perro caliente» de un pie de largo y tomar una leche con chocolate batida. Me encantaba Roy Rogers.

Glen, que enseñaba a los muchachos de primer año, era mi tercer maestro favorito. ¿Enseñó usted alguna vez a un grupo de muchachos terriblemente inquietos? Esos maestros pasan al frente de la clase para recibir una recompensa del cielo. Cualquier maestro de esta clase que leyera sobre Daniel y el pozo de los leones, diría: «Gran cosa... si querían en verdad probar la fe de Daniel, ¡debían haberlo metido en una clase de muchachos de primer año!»

Bueno, Glen estaba metido con nosotros. Mejor dicho, estaba metido en nosotros. Enseñó a esta clase por veinte años. Todo muchacho difícil, flojo, distraído, sentía el amor de Glen. A veces las lágrimas rodaban por sus mejillas viendo cómo el amor de Dios podía transformar a esos muchachos de primer año.

Un día se detuvo en medio de su lección y dijo: «Muchachos, oro por ustedes todos los días. Apenas se termine la clase necesito ver a Steve Banner, Phil Conrad, Junior Fowler y John Maxwell». Después de clase, los cuatro nos reunimos con Glen afuera, y nos dijo: «Anoche, cuando oraba por ustedes, sentí que el Señor iba a llamarles a cada uno al servicio cristiano a tiempo completo. Quiero ser el primero en animarles a ser obedientes al llamamiento de Dios». Luego lloró mientras oraba pidiéndole al Señor que nos usara para su gloria.

Hoy en día, todos somos pastores de iglesias: Steve Banner en Ohio, Phil Conrad en Arizona, Junior Fowler en Oklahoma y yo en California. Estos maestros de Escuela Dominical dejaron una marca indeleble en mi vida por la aceptación y afirmación que me dieron.

Recientemente conversé con Mary Vaughn, que fue una vez jefe de consejería en el sistema de escuelas elementales de Cincinnati. Le pedí que me indicara cuál era el principal problema que notaba en los casos de consejería. «John», dijo de inmediato, «la mayoría de los problemas sicológicos de los muchachos se originan en la falta de afirmación y aceptación de parte de sus padres y compañeros». Continuamente hizo énfasis en que el nivel económico, el estrato profesional o social u otros factores en los que la sociedad pone toda su atención eran insignificantes.

Entonces me contó una historia sobre Dennis, un niño de diez años de edad. Este alumno de tercer grado siempre peleaba, mentía y causaba muchos problemas entre sus compañeros. Creía que «nadie me quiere, el maestro siempre me llama la atención». No respondía a las personas a quienes él realmente les importaba y que trataban de ayudarle al máximo. ¿Cuál era su problema? Quería la afirmación y el amor de su madre, tanto, que vivía en un mundo de fantasía hablando siempre del amor (inexistente) de su madre. En realidad su madre no hizo nada por concederle esa afirmación. La necesidad de atención que Dennis tenía era tan grande, que soñaba con el amor de su madre y dirigía su mala actitud hacia otros.

A diferencia de Dennis, fui privilegiado al crecer en una familia muy sólida. Nunca cuestioné el amor y la aceptación de mis padres. Constantemente afirmaban su amor a través de sus acciones y palabras. Ahora, Margaret y yo hemos procurado crear este mismo ambiente para nuestros hijos. El otro día hablábamos acerca de la importancia de mostrar amor a nuestros hijos. Concluimos que ellos ven o sienten nuestra aceptación y afirmación por lo menos tres veces al día. ¡Eso no es demasiado! ¿Le han dicho alguna vez que es importante, amado y apreciado? Recuerde, *a la gente no le importa lo mucho que usted sabe, hasta que saben lo mucho que a usted le importa.*

Autoimagen: Cómo me veo a mí mismo

> Porque cuál es su pensamiento en su corazón, tal es él (Proverbios 23.7).

Es imposible desempeñarse de una manera que no esté de acuerdo con la forma en que nos vemos a nosotros mismos. En otras palabras, actuamos como una respuesta directa a nuestra autoimagen. Nada es más difícil de lograr que cambiar la manera de ser exterior sin cambiar los sentimientos internos. A medida que nos demos cuenta que nuestra manera de actuar se basa en nuestra percepción de nosotros mismos, debemos también recordar el amor y la aceptación incondicional de Dios. Él piensa más en nosotros que nosotros mismos. Puede ser que los discípulos no hayan sido grandes realizadores a los ojos del mundo, pero el llamamiento de Cristo transformó sus vidas.

Una de las mejores maneras de aprovechar esos sentimientos internos es poner algo de «éxito» bajo su cinturón. Mi hija Elizabeth tiende a ser asustadiza y rehuye las experiencias nuevas. Pero una vez que se ha familiarizado con una situación, «marcha a todo vapor hacia adelante». Cuando estaba en primer grado, su escuela hizo una venta de dulces para ayudar a financiar su presupuesto. A cada muchacho le dieron treinta barras de dulce y le pidieron venderlas todas. Cuando recogí a Elizabeth de la escuela, tenía este «reto» entre sus manos y necesitaba estímulo. Era el momento para una reunión de ventas con mi nueva vendedora.

Camino a casa le enseñé cómo vender los dulces. Adorné enseñanza con media docena de frases «Puedes hacerlo, tu sonrisa les animará, creo en ti». Al final de nuestro viaje de quince minutos, la jovencita que iba a mi lado se había convertido en una encantadora y convencida vendedora. Fue a todo el vecindario con su pequeño hermano Joel comiendo uno de los dulces y diciendo que en verdad era lo mejor que había comido.

Al final del día, las treinta barras se habían vendido y Elizabeth se sentía en la gloria. Nunca olvidaré las palabras que dijo en su oración esa noche cuando la llevé a su cama: «Oh Dios, gracias por la venta de dulces de la escuela. Fue algo muy lindo. Oh, Señor, ayúdame a ser una ganadora. Amén»

Esta oración está en los deseos del corazón de todas las personas. Todos queremos ser ganadores. Naturalmente, Elizabeth vino a casa al siguiente día con otra caja de dulces. ¡Ahora venía la gran prueba! Agotó toda la existencia de vecinos amistosos y se lanzó al cruel mundo de los compradores desconocidos. Reconoció que tenía miedo cuando fue a un centro comercial para vender nuestros artículos. Nuevamente le ofrecí estímulo, unas cuantas instrucciones de ventas más, más valor, el lugar correcto, *más* valor. Y lo logró. La experiencia sumaba dos días de venta, dos trabajos de ventas afuera, dos personas felices, y una autoimagen muy en alto.

Me gusta la autoestima que demostró el pequeño que emocionadamente arrancó una planta de maíz de raíz. Cuando su padre lo felicitó, estaba radiante. «Solamente piensa», dijo, «¡el mundo entero lo tenía sostenido por el otro lado!»

Compárelo con Shauna, una alumna de sexto grado. Era muy despierta y se mantenía erguida aun cuando fue encontrada robando. Cuando la confrontaban con el robo decía que lo hacía para vengarse de sus padres. No sentía remordimiento.

Las sesiones de consejería revelaron que Shauna rara vez veía a su padre, y que él no la amaba. Cuando estaban juntos, rara vez recibía aceptación o algún sentimiento de importancia. Se veía a sí misma como pensaba que su padre la veía. Su consejero le brindaba constantemente sinceros cumplidos y pedía de sus padres los ingredientes necesarios para crear una autoimagen adecuada. Con el tiempo, su autoestima mejoró.

El principio obra en reversa también. La manera como nos vemos refleja cómo nos ven los demás. Si nos gustamos, esto aumenta las probabilidades que gustaremos a otros. *La autoimagen es el parámetro para la construcción de nuestra actitud*. Actuamos en respuesta a cómo nos vemos. Nunca iremos más allá de los límites que marcan nuestros verdaderos sentimientos acerca de nosotros mismos. Esos «otros países» solamente pueden ser explorados cuando nuestra autoimagen es lo suficientemente fuerte para darnos permiso.

Receptividad a nuevas experiencias: Oportunidades para crecer

Hermanos, yo mismo no pretendo haberlo ya alcanzado; pero una cosa hago: olvidando ciertamente lo que queda atrás, y extendiéndome a lo que está delante, prosigo a la meta, al premio del supremo llamamiento de Dios en Cristo Jesús (Filipenses 3.13, 14).

Voltaire comparaba a la vida con un juego de cartas. Cada jugador debe aceptar las cartas que le entregan. Pero una vez que esas cartas están en sus manos, él es el único que decide cómo usarlas para ganar el juego.

Siempre tenemos un número de oportunidades en nuestra mano. Debemos decidir si corremos el riesgo y actuar de acuerdo a ellas. Nada en la vida causa más tensión y, sin embargo, al mismo tiempo, provee más oportunidades de crecimiento, que las experiencias nuevas. Este conocido poema:

Mi vida puede tocar muchas vidas
antes que el día termine;
dejar muchas marcas buena o malas
antes del ocaso.

habla del poder de la influencia.

La primera línea, con una palabra cambiada, puede ilustrar el efecto que tienen las experiencias nuevas en la vida:

Mi vida puede *experimentar* muchas vidas
antes que el día termine;
dejar muchas marcas buenas o malas
antes del ocaso.

Mis padres reconocieron el valor de las nuevas experiencias e hicieron lo mejor para abrir ante cada hijo las positivas. Algunos de mis más tiernos recuerdos son de los tiempos cuando viajaba con mi padre. Muchas veces le diría a mi maestro: «Usted está enseñando muy bien a mi hijo, pero la próxima semana voy a llevarlo conmigo para abrir algunas experiencias nuevas para él». Iríamos a otro estado y mi conocimiento de la gente, su naturaleza y cultura mejoraría.

Siempre estaré agradecido por aquellas experiencias previamente arregladas. Nunca olvidaré la ocasión en que conocí al gran misionero y estadista E. Stanley Jones. Después de escuchar hablar a este gigante espiritual, mi padre me llevó a su oficina para presentármelo. Todavía recuerdo el cuarto, su actitud y, lo más importante, sus palabras de aliento para mí.

Como padre, es imposible que pueda proteger a sus hijos de las experiencias que podrían ser negativas. Por lo tanto es esencial preparar encuentros positivos que fortalecerán su autoimagen y su confianza. Tanto las experiencias positivas como las negativas deben usarse como herramientas para preparar a los hijos para la vida.

La historia de Elizabeth no terminó después de dos días con éxito en las ventas. Poco después fue de puerta en puerta, otra vez, pidiendo que la gente comprara la «barra de chocolate más deliciosa del mundo». La seguí en el automóvil. Muchas veces sonreía, contaba su historia y no tenía suerte. Otras, le sonreía y la animaba a no desmayar. Tenía mucho cuidado en insistirle que ganar es tratar. Nos pusimos una meta (el final de una cuadra muy larga) y determinamos no retirarnos hasta que alcanzáramos la meta.

Con cada visita en la que no se vendía, sus pasos se hacían más lentos y mi entusiasmo más grande. Finalmente hizo una venta en la casa próxima a la última. Vino corriendo hacia el automóvil, agitando el dinero y queriendo ir una cuadra más. Le dije: «Perfecto», y ella se fue corriendo.

La lección es obvia. Los hijos necesitan continuo apoyo y estímulo cuando sus nuevas experiencias son menos que positivas. En efecto, mientras peor es la experiencia, más valor necesitan. Pero a veces nos desanimamos cuando ellos se desaniman.

Esta es una buena fórmula para practicar:

Experiencias nuevas + enseñanzas prácticas x amor = Crecimiento.

Asociación con los compañeros: Quiénes influyen en mí

El hombre que tiene amigos ha de mostrarse amigo; y amigo hay más unido que un hermano (Proverbios 18.24).

Lo que dicen otros acerca de su percepción respecto a nosotros afecta cómo nos percibimos a nosotros mismos. Por lo general, respondemos a las expectaciones de otros. Esta verdad es evidente para el padre cuando su hijo va a la escuela. Nunca más podrá el padre controlar el ambiente de su hijo. Cualquier profesor de escuela elemental entiende que los muchachos desarrollan muy rápidamente una «jerarquía» en la clase. Los estudiantes se ponen etiquetas y se relacionan entre ellos a veces con cruel sinceridad. La presión de los compañeros llega a ser un problema.

Mary Vaughn, en uno de sus casos de estudio que involucraba a un alumno de primer grado, escribió: «Un ambiente físico muy pobre (poca ropa, alojamiento o comida) no produce necesariamente actitudes negativas en el niño. Es la falta de aceptación de parte de los compañeros lo que deja profundas cicatrices dentro del niño». Nos da un ejemplo: un alumno de primer grado que robaba.

Terry estaba pálido y tenía cara de enfermo. El maestro sabía de su robo. Las cosas perdidas se encontraban casi siempre en su escritorio. Luego de una reunión de consejería con Terry, se arregló una visita a sus padres. Su morada consistía en cuatro cuartos que albergaban a nueve personas. Estaban escasamente amueblados y la pobreza era evidente. Los padres agradecieron la oferta de ayuda y ropa. También querían ayudar a Terry. Evaluación del problema: Terry robaba únicamente debido a que la presión de sus compañeros le hacía sentir su pobreza. Quería los mismos borradores finos y los útiles que sus compañeros tenían.

Sin duda, esta experiencia ayudó a los padres de Terry a observar que otros ejercían un considerable control sobre la conducta de su hijo. Mis padres entendieron este hecho también y determinaron observar y controlar nuestras relaciones con los compañeros tanto como era posible.

Su estrategia: proveer un ambiente en el hogar de los Maxwell que fuera atractivo para los amigos de sus dos hijos. Esto significó sacrificar sus finanzas y tiempo. Nos proveyeron de juegos, mesa de ping-pong, cancha de básketbol y todos los equipos de deportes que se habían inventado. También teníamos una madre que era espectadora, árbitro, consejera y fanática.

Y venían los muchachos, a menudo veinte o veinticinco a la vez. De todos los tamaños, formas y colores. Cada uno tenía algo especial y mis padres los observaban. A veces, después que se había ido la pandilla, me preguntaban sobre alguno en particular. Se referían abiertamente a su lenguaje o actitudes y nos aconsejaban que no actuáramos o pensáramos de esa manera. Ahora comprendo que la mayoría de mis principales decisiones como joven, recibieron la influencia de las enseñanzas de mis padres y las observaciones que hacían de mis amigos.

No limitaron sus observaciones a mi juventud. Cuando mi padre se dio cuenta que Margaret y yo seguíamos viéndonos en forma constante, empleó todo un día para ir a su casa y hablar con sus padres, su pastor y sus maestros de la escuela, para conocer mejor qué clase de muchacha era aquella con la que estaba saliendo. Aunque nunca me contó esto hasta después que nos casamos, sé que los informes que recibió fueron muy favorables. Me apoyó para que me casara con ella. No recomiendo tan minuciosa observación a todos los padres, pero el interés que el mío demostró hacia mí, me encantó.

Casey Stengel, una «manager» con éxito de los New York Yankees, comprendió este poder de asociación en la actitud de un jugador. Billy Martin recuerda el consejo de Stengel cuando era un manager novato. Casey me dijo: «Habrá quince jugadores en tu equipo que serán capaces de atravesar una pared por ti, cinco que te odiarán y cinco indecisos; cuando hagas tu lista de jugadores, coloca a tus perdedores juntos. No coloques nunca a un buen tipo con un perdedor. Los perdedores que están juntos culparán al manager por todo, pero esa opinión no se extenderá a los demás si los mantienes aislados».

Un hombre vino a mí en una reunión en la que había disertado sobre la actitud y los compañeros. Quería que le aclarara el concepto de aislarnos de aquellos que pueden deprimirnos. Su pregunta era: «¿Cómo podemos ayudar a los que tienen un problema de actitud, si permanecemos lejos de ellos?» Mi respuesta fue: «Hay una diferencia entre ayudar a los que tienen permanentes problemas de actitud y el hecho de ponerlos en la lista de nuestros amigos íntimos. Mientras más estrecha sea nuestra relación, más influencia tendrán las actitudes y filosofías de nuestros amigos sobre nosotros».

Charles «Tremendous» Jones, autor de *The Life is Tremendous* [La vida es estupenda], dijo: «Lo que usted sea en cinco años será determinado por lo que lee y por aquellos con quienes se asocia».

Apariencia física: Cómo lucimos ante los demás

> El hombre mira lo que está delante de sus ojos, pero Jehová mira el corazón (1 Samuel 16.7).

Nuestra apariencia juega un papel importante en la formación de nuestra actitud. Se pone increíble presión en las personas que poseen esa «apariencia» que es el patrón de aceptación. Dedique un día a ver televisión y note en qué hacen énfasis los anuncios comerciales. Observe el porcentaje de anuncios que destacan el vestido, la dieta, el ejercicio y sobre todo el atractivo físico. Hollywood dice: «La fealdad se descarta y la simpatía se acepta». Esto influye en la percepción de los valores basada en la apariencia física. Lo que hace esto aun más difícil es darnos cuenta que otros juzgan también nuestro valor por nuestra apariencia. Recientemente leí un artículo de negocios que decía: «Nuestro atractivo físico ayuda a determinar nuestros ingresos». El informe de ese artículo mostraba las discrepancias entre los salarios de los hombres de 6.2 pies de altura y los de 5.10. Los más altos frecuentemente recibían salarios más altos.

Matrimonio, familia y trabajo: Nuestra seguridad y posición

> Dios es nuestro amparo y fortaleza, nuestro pronto auxilio en las tribulaciones (Salmos 46.1).

Las nuevas influencias afectan nuestra actitud cuando estamos por la mitad de nuestra tercera década. Es durante este tiempo de nuestras vidas que la mayoría nos casamos. Eso significa que otra persona influye en nuestra perspectiva.

Cuando hablo de actitudes, siempre destaco la necesidad de rodearnos de gente positiva. Una de las quejas más tristes que escucho viene de un cónyuge que me dice que el otro es negativo y no quiere cambiar. En cierta medida, cuando el cónyuge negativo no quiere cambiar, el positivo está impresionado de negativismo. En tales situaciones, aconsejo a la pareja recordar y regresar a los patrones que seguían durante los días de enamoramiento.

Observe a una pareja durante el enamoramiento. Ilustran dos hermosas ideas. Edifican sobre las virtudes y esperan lo mejor.

Es la época cuando la muchacha ve a su novio como un caballero con refulgente armadura. Ve lo mejor. Espera lo mejor. Ignora cualquier cosa que parezca debilidad. Él ve en ella a una hermosa muchacha con nobles sentimientos y excelentes cualidades. Luego se casan y cada uno ve la realidad del otro, tanto debilidades como virtudes. El matrimonio será bueno y se fortalecerá si no se destacan las debilidades. Pero puede terminar en divorcio cuando se desconocen las virtudes.

En vez de esperar lo mejor, los cónyuges esperan lo peor. En vez de ver las virtudes, ven las debilidades.

Ya sea que usted tenga once, cuarenta y dos o sesenta y cinco años, su actitud hacia la vida todavía está en construcción. Al entender cuáles son los materiales con los que se forma la estructura de su actitud, usted y aquellos en quienes influye pueden mantener una perspectiva más saludable.

7

Las costosas equivocaciones que la gente comete al construir una actitud

Muchos adultos inteligentes... se restringen en pensamientos, acciones y resultados. Nunca avanzan más allá de las fronteras de sus propias limitaciones autoimpuestas.

John Maxwell

Esto es algo que sucede el momento en que nacemos. Los ansiosos familiares aplastan sus narices contra la ventana de la enfermería en el hospital y comienzan el juego: «¿A quién se parece?» Después de mucha discusión, se decide que esa cara rojiza, arrugada, sin dientes, ese bebé calvo, se parece al «tío Harry».

El seguir poniéndole etiquetas al niño aumenta a medida que desarrolla su personalidad. Esa es una reacción humana normal. Todos lo hacemos. Sin embargo, llega a ser hiriente cuando ponemos limitaciones debido a que es un estudiante «C», o un niño corriente o un niño «simple». A menos que los padres tengan cuidado, sus hijos crecerán sintiéndose poca cosa debido a la casilla en la que les han metido y a las pocas esperanzas que han puesto en ellos.

Un niño «encasillado» fue Adam Clarke, que nació en el siglo dieciocho en Irlanda. Cuando Adam era escolar su padre le dijo al maestro que no aprovecharía la escuela.

El maestro le respondió: «Parece inteligente».

Esa declaración cambió su vida, lo sacó de la casilla en la que su padre lo había metido. Vivió hasta los setenta y dos años y llegó a ser un gran erudito, un gran predicador de la Iglesia Metodista inglesa, autor de varios comentarios y de un libro titulado *Christian Theology* [Teología cristiana]. Cuando Adam Clarke predicaba, decían, la gente escuchaba.[1]

¿Cuáles son las capacidades de una persona? Nadie sabe. Por eso nadie debe introducir ideas que limitan la vida en las mentes de los demás. Hace treinta años, Johny Weissmuller, también conocido como Tarzán por los cineastas, fue calificado como el más grande nadador del mundo jamás conocido. Médicos y entrenadores de todas partes decían: «Nadie podrá romper jamás los récords de Johny Weissmuller».¡Tenía más de cincuenta! ¿Saben quiénes están rompiendo los récords de Tarzán hoy en día? ¡Muchachas de trece años! Los récords olímpicos de 1936 fueron las marcas normales para los juegos olímpicos de 1972.

---

1. Wesley Tracy, *When Adam Clarke Preached, People Listened* [Cuando Adam Clarke predicaba, la gente escuchaba], Beacon Hill Press, Kansas City, Missouri, pp. 13-14.

Por décadas, corredores entusiastas declararon enfáticamente que nadie podría romper la milla de cuatro minutos. Por décadas, esta predicción parecía cierta. Roger Bannister no escuchó tales suposiciones limitantes. Resultado: Rompió la «imposible» milla de cuatro minutos. Hoy en día, por lo menos 336 hombres han roto esa marca. No se dejaron limitar por las expectaciones de otros.

Recuerde: Otros pueden detenerlo temporalmente, pero usted es el único que puede hacerlo permanentemente.

Un elefante puede fácilmente cargar una tonelada en sus lomos. Pero ¿han visitado un circo y visto a estas criaturas gigantescas permanecer quietas atadas a una pequeña estaca de madera?

Cuando es todavía tierno y débil, es atado con una pesada cadena a una fuerte estaca de hierro. Descubre que no importa cuánta fuerza emplee, no puede romper la cadena ni mover la estaca. Luego, no importa cuán grande y fuerte llegue a ser, sigue creyendo que no puede mover la estaca que ve en el suelo detrás de él.

Muchos adultos inteligentes actúan como este elefante de circo. Se restringen en pensamiento, acción y resultados. Nunca van más allá de las fronteras de su autoimpuesta limitación.

Cuando doy conferencias sobre las limitaciones, hablo sobre lo que llamo «la vitalidad subyacente».

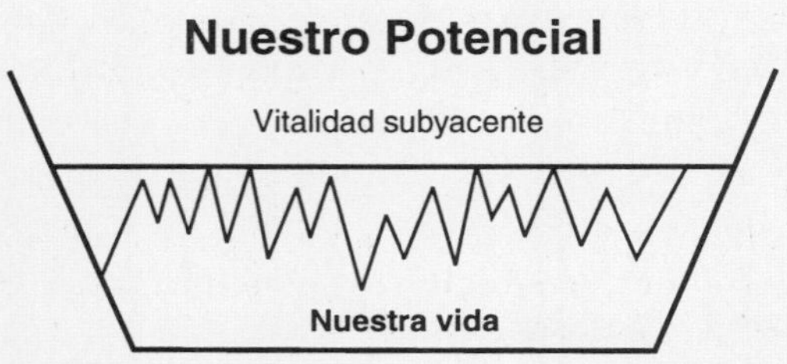

En la ilustración de la página anterior, la línea de vitalidad subyacente representa nuestra barrera limitante autoimpuesta. La línea quebrada que sube y baja representa nuestra vida actual. El esfuerzo que se necesita para romper la línea de la vitalidad subyacente, requiere nuestra vitalidad. Cada vez que intentamos pasar la línea hay dolor. Pagamos un precio emocional y físico cuando queremos romper nuestras propias limitaciones y entrar en una área nueva de mayor potencial.

Más adelante, en las secciones III y IV de este libro, miraremos más de cerca este proceso. Lamentablemente, muchas personas aceptan sus limitaciones y nunca alcanzan todo su potencial. Son como las pulgas entrenadas que saltan arriba y abajo dentro de un frasco. El observador notará que el frasco no tiene tapa para que no salgan las pulgas. ¿Pero por qué esas pulgas no saltan fuera del frasco y ganan su libertad? La respuesta es simple. El entrenador de las pulgas, cuando las colocó por primera vez dentro del frasco, le puso una tapa. Las pulgas saltaban alto y golpeaban continuamente su pequeño cerebro contra la tapa. Después de unos cuantos dolores de cabeza, las pulgas dejaron de saltar muy alto y comenzaron a disfrutar su nueva comodidad. Entonces, la tapa podía ser removida y las pulgas seguían cautivas, no por una tapa real sino por una manera de pensar que les decía: «Tan alto, nunca más».

Mark Twain dijo una vez: «Si un gato se sienta sobre una estufa caliente, nunca más se sentará sobre una estufa *caliente*». Siguió diciendo: «Ese gato nunca más se sentará sobre un estufa fría, tampoco». Conclusión: ese gato asociará las estufas con una mala experiencia y dirá: «Nunca más». Todos nos encontramos con experiencias malas y a ninguno le gusta tomar la «medicina». Sin embargo, nos castigamos a nosotros mismos y castigamos a otros cuando ponemos tapas a nuestro potencial.

Estos son algunos comentarios que hacemos sin pensar y que pueden limitar nuestro potencial e impedirnos romper la línea de los estratos vitales.

«Esto nunca se ha hecho antes».

«Nunca lo intentaré otra vez».

«No te preocupes».

Ahora es su turno. Haga una lista de las declaraciones que han limitado su potencial.

Si alguien pretende cargarle con una línea limitante de la vitalidad subyacente, aquí está un poema que puede contrarrestar el ataque. Léalo de tiempo en tiempo.

Dijeron que no se podía,
pero él riendo dijo:
Tal vez, pero no lo aceptaría
hasta no hacer un intento.
Así que se preparó, con una mueca burlona.
Si estaba preocupado nunca lo demostró.
Cantaba mientras hacía eso que no se podía,
hasta que al fin pudo hacerlo.

Alguien se burló en su cara:
«Tú nunca podrás hacerlo;
al menos nadie lo ha hecho»;
Se despojó de su saco y se quito su sombrero.
Y lo primero que supo es que había comenzado.
Levantada su quijada, con una mueca de burla,
sin dudar ni vacilar, cantaba mientras hacía
eso que no se podía. Hasta que al fin pudo hacerlo.

Miles te dicen que eso tú nunca podrás hacerlo;
miles hay que profetizan tu fracaso;
hay miles que te señalan, con sus dedos,
uno a uno, los peligros.

Prepárate solamente.
Con una mueca burlona despójate de tu saco
y anda, ve, canta mientras procuras hacer
lo que "no puede ser hecho".
Y entonces tú lo harás.

—Edgar A. Guest

Sección III

Cómo se estrella su actitud

8

¡Socorro! ¡Socorro! ¡Mi actitud está perdiendo altura!

Por tanto, nosotros también, teniendo en derredor nuestro tan grande nube de testigos, despojémonos de todo peso y del pecado que nos asedia, y corramos con paciencia la carrera que tenemos por delante, puestos los ojos en Jesús, el autor y consumador de la fe, el cual por el gozo puesto delante de él sufrió la cruz, menospreciando el oprobio, y se sentó a la diestra del trono de Dios (Hebreos 12.1, 2).

Una de las primeras cosas que descubrí durante mi viaje en un pequeño avión, fue que las turbulencias hacen a veces que el vuelo sea un poco escabroso. Así como el vuelo tiene esos momentos, también la vida los tiene. Un día apacible es la excepción, no la norma. Un vuelo derecho y a nivel es por lo general el resultado de una recuperación de las subidas, bajadas y vueltas. Es la excepción, no la regla.

¿Ha tenido usted algún día como el que tuvo el pequeño muchacho en *Alexander and the Terrible, Horrible, No Good, Very Bad Day* [Alexander y el terrible, horrible, nada bueno y muy mal día], por Judith Viorst?

> Me fui a dormir con un chicle en mi boca y ahora hay chicle en mi pelo, y cuando salté de la cama esta mañana pisé el patín y por equivocación tiré mi saco en el lavadero cuando el agua estaba corriendo. Podría decir que este va a ser un día terrible, horrible, nada bueno y muy malo.
>
> En el desayuno, Anthony encontró un carrito Corvette en su caja de cereal, y Nick encontró un anillo con el signo de agente encubierto juvenil en la suya, pero en la mía solo encontré cereal.
>
> Creo que me iré a Australia.
>
> En el bus, la señora Gibson dejó que Bechy se sentara en la ventana. Audrey y Elliot consiguieron asientos en la ventana también. Pensé que me iban a aplastar. Dije: «Si no consigo un asiento en la ventana voy a marearme». Nadie contestó.
>
> Podría decir que este va a ser un día terrible, horrible, nada bueno y muy malo.
>
> En la escuela, a la señora Dickens le gustó el dibujo de Paul del velero, más que el mío del castillo invisible.
>
> En el momento de cantar dijo que yo lo hacía demasiado alto. En el momento de contar dijo que me había olvidado el dieciséis. ¿Quién necesita el dieciséis? Podría decir que este va a ser un día terrible, horrible, nada bueno y muy malo.
>
> Podría decirlo, porque Paul dijo que yo no sería su mejor amigo nunca más. Dijo que Philip Parker era su mejor amigo, y que Albert Moyo era otro buen amigo, y que yo solamente era el tercer amigo.

«Ojalá te sientes en una tachuela», le dije a Paul. «Espero que la próxima vez que compres helado doble de fresa, una parte se te caiga al suelo y la otra caiga en Australia».

Había dos pasteles en la lonchera de Philip Parker, y Albert tenía una barra de chocolate con almendras, y la madre de Paul le dio un pedazo de gelatina que tenía pedacitos de coco encima. ¿Adivinen qué madre se olvidó de poner el postre?

Este era un día terrible, horrible, nada bueno y muy malo.

Fue así porque después de la escuela mi madre nos llevó a todos al dentista y el Dr. Fields encontró una carie precisamente en mí. «Vuelve la próxima semana y te calzaré», dijo el Dr. Fields. «La próxima semana», dije, «me voy a Australia».

Cuando iba a bajar, la puerta del elevador atrapó mi pie, y cuando esperaba que mi madre trajera el auto, Anthony me hizo caer en el lodo y cuando lloraba por el lodo, Nick dijo que era un llorón, y cuando le pegué a Nick por decirme llorón, mi madre vino con el auto y me reprendió por estar sucio de lodo y peleando.

«Tengo un día terrible, horrible, nada bueno y muy malo», les dije a todos. Ninguno respondió.

Entonces fuimos a la zapatería para comprar zapatos de gimnasia. Anthony escogió unos blancos con franjas azules. Nick escogió unos rojos con franjas blancas. Yo escogí azules con franjas rojas, pero entonces el vendedor dijo: «Todos están vendidos». Me hicieron comprar unos blancos simples, pero no pudieron obligarme a usarlos.

Cuando recogimos a mi papá de su oficina dijo que no debía jugar con su copiadora, pero lo olvidé. También dijo que tuviéramos cuidado con el libro que estaba sobre su escritorio.

Y fui cuidadoso todo lo que pude, pero olvidé mi codo. También dijo: «No hagan tonterías con el teléfono», pero creo que llamé a Australia. Mi padre dijo: «¡Por favor, no vuelvan a tocarlo!» Fue un día terrible, horrible, nada bueno y muy malo.

Había habas para la cena y yo odio las habas. Y se besaban en la televisión y yo odio que se besen en la televisión.

Mi baño estuvo demasiado caliente y se metió jabón en mis ojos, mi canica se fue por el sumidero y tuve que ponerme mi pijama de trenecitos, y yo odio las pijamas de trenecitos.

Cuando me fui a acostar, Nick me quitó la almohada que me había prestado y la lamparita de Mickey Mouse se quemó y me mordí la lengua. El gato quiere dormir con Anthony, no conmigo.

Ha sido un día terrible, horrible, nada bueno y muy malo. Mi madre dice que algunos días son así. Aun en Australia.[1]

He aquí algunas reglas que debe recordar cuando tenga uno de esos días terribles, horribles, nada buenos y muy malos, y sienta que su actitud comienza a caer en picada:

Regla # 1: Mantenga la actitud correcta cuando «el vuelo se vuelva difícil»

Nuestra reacción natural es saltar en el paracaídas de nuestra actitud correcta para compensar nuestros

1. Judith Viorst, *Alexander and the Terrible, Horrible, No Good, Very Bad Day* [Alexander y el terrible, horrible, nada bueno y muy mal día], Atheneum Publishers, New York, 1976.

problemas. En nuestro vuelo por la vida nuestra actitud es más crítica durante los tiempos difíciles. Es entonces cuando tenemos la tentación de caer en el pánico y tomar decisiones con una actitud equivocada. Cuando nos estrellamos, ese es el resultado de una reacción equivocada, no de la turbulencia. ¿Cuántas veces hemos visto «hacer una montaña de un grano de arena», haciendo que la solución sea más peligrosa que el problema mismo?

Recuerde, la dificultad llega a ser en realidad un problema cuando internalizamos las circunstancias desafortunadas. Otra cosa que tenemos que recordar cuando el tiempo se hace borrascoso es que *lo que realmente importa es lo que sucede en nosotros, no a nosotros.* Cuando las circunstancias internas nos conducen a decisiones internas equivocadas, en realidad tenemos problemas.

Una vez hablé con un hombre que tenía problemas financieros. Encaraba la posibilidad de perderlo todo. Le ofrecí oración y valor durante ese tiempo difícil. Su reacción fue: «¡Nunca he estado más cerca de Dios!» Me contó cómo esta prueba le estaba haciendo más fuerte en su relación con Dios. Pablo le dijo a Timoteo que los cristianos serían perseguidos. También le dijo que él no solo había soportado la persecución, sino también que Dios siempre lo había librado (2 Timoteo 3.11, 12). Pablo dejó que las tormentas de la vida le fortalecieran. Que diferente era él de aquellos que gritan: «¡Renuncio!», cada vez que surgen las dificultades.

Santiago hasta nos dice que los problemas son buenos:

> Hermanos míos, tened por sumo gozo cuando os halléis en diversas pruebas, sabiendo que la prueba de vuestra fe produce paciencia. Mas tenga la paciencia su obra completa, para que seáis perfectos y cabales, sin que os falte cosa alguna (Santiago 1.2-4).

Regla # 2
Acepte que los tiempos difíciles no son eternos

Cuando estamos en medio de situaciones difíciles, no es fácil recordar esta verdad. Los problemas nos consumen. Todo lo que sabemos está influido por el presente. Al hombre que se está ahogando no le importa la agenda de mañana.

Hay una expresión que uso frecuentemente cuando siento que las dificultades me abruman. Cuando ya he tenido suficiente digo: «¡Esto también pasará!» Esa breve declaración funciona en verdad. Me ayuda a tener otra perspectiva de mi situación.

Sin embargo, los vientos huracanados nos derriban. Muchas veces no es el tamaño del problema sino su extensión lo que pesa tanto sobre nosotros. «No nos cansemos, pues, de hacer el bien; porque a su tiempo segaremos, si no desmayamos» (Gálatas 6.9). Muchos predicadores dirán: «Lo que sembremos segaremos», Pablo dice que es posible sembrar y no cosechar los beneficios. ¿Cómo? No permaneciendo firmes ni siendo pacientes para esperar.

He oído a los corredores hablar de la «fuerza» que reciben al correr. (Me es difícil aceptar eso cuando miro el gesto de sus caras mientras corren.) Una vez que reciben su «segundo impulso», se sienten como que podrían correr todo el día. ¿Cuál es su secreto? Correr hasta conseguir su segundo impulso. La primera parte es difícil y dolorosa. La última es más fácil y gratificante.

> Por tanto, nosotros también, teniendo en derredor nuestro tan grande nube de testigos, despojémonos de todo peso y del pecado que nos asedia, y corramos con paciencia la carrera que tenemos por delante, puestos los ojos en Jesús, el autor y consumador de la fe, el cual por el gozo puesto delante de él sufrió la cruz, menospreciando el oprobio, y se

sentó a la diestra del trono de Dios. Considerad a aquel que sufrió tal contradicción de pecadores contra sí mismo, para que vuestro ánimo no se canse hasta desmayar (Hebreos 12.1-3).

Regla # 3
Procure tomar las decisiones más importantes antes de la tormenta

Se pueden evitar muchas tormentas pensando y planificando con anticipación. El piloto averiguará cómo estará el tiempo antes de su proyectado vuelo, antes de proceder. Al volar, observará su radar o llamará a la base próxima para anticipar las condiciones del tiempo.

Obviamente, no se pueden evitar todas las tormentas, pero me pregunto cuántas encontramos solamente porque no utilizamos todos los medios a nuestra disposición para prevenirlas. La mayoría de las veces nuestros problemas son el resultado de nuestra pobre planificación y no de las condiciones que rodean nuestras vidas.

Uno de mis profesores se volvió tema de conversación en la universidad debido a su horrible manera de manejar. Los muchachos decían cosas como esta: «Salí temprano de la clase para poder llegar a casa a salvo antes que el profesor Gladstone tomara la carretera». Después que el profesor tuvo tres accidentes en seis semanas, un estudiante le dijo a la esposa de aquel, con simpatía: «Con toda seguridad que el diablo ha estado causando estos problemas de manejo en su esposo». Ella replicó: «Querido, no culpes al diablo. George nunca pudo manejar».

Para evitar algunas tormentas potenciales en la vida, necesitamos conocer y confiar en los indicadores de tiempos difíciles. Estos son algunos posibles «ojos» que pueden ayudarnos a prever los problemas, y estas algunas preguntas que debemos hacernos antes de proceder a resolver el problema:

INDICADORES DE TIEMPOS DIFÍCILES	PREGUNTAS QUE DEBO RESPONDER
Falta de experiencia	¿Conozco a alguien que tenga experiencia en esta área?
Falta de conocimiento	¿He estudiado lo suficiente como para dirigir bien mi curso?
Falta de tiempo	¿Permito que el proceso del tiempo obre en mí tanto como la tormenta?
Falta de hechos	Los hechos reunidos ¿me permiten tomar una decisión adecuada?
Falta de oración	¿Es idea de Dios o es mía? Si es mía, ¿la bendice Dios y la respalda con su palabra?

Aun después de revisar todos los indicadores de tiempo, quizás todavía encontremos algunas tormentas. Las dificultades de la vida tienen una incomprensible manera de acecharnos silenciosamente. Cuando eso sucede, procure retardar las principales decisiones tanto como sea posible. Nuestra vida es una serie de subidas y bajadas. (Véase la ilustración.) Hay una diferencia esencial entre las personas que saltan de un problema a otro, y las que van de éxito en éxito. La diferencia es el tiempo.

Los que hacen una mala decisión tras otra, las hacen durante las «bajadas» de la vida. Los que parece que tienen el toque mágico del rey Midas (que convertía en oro todo lo que tocaba), han aprendido a esperar hasta que las «bajadas» pasen, y entonces se sientan en lo alto de las cosas.

¿Cuándo hará la gran «D»?

El momento correcto para tomar una decisión

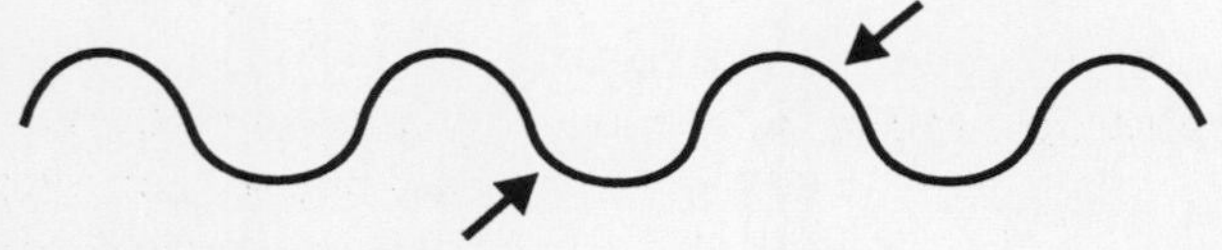

El momento equivocado para tomar una decisión

Me siento mal cuando los oradores del seminario dicen: «Es más importante tomar una decisión equivocada inmediatamente, que no hacer ninguna». ¡No lo crea! La clave del éxito en la toma de decisiones, está tanto en tomarse el tiempo necesario como en hacer la decisión correcta.

Decisión equivocada en el tiempo equivocado = desastre.
Decisión equivocada en el tiempo correcto = equivocación
Decisión correcta en el tiempo equivocado = desaprobación
Decisión correcta en el tiempo correcto = éxito

Por lo general, las decisiones equivocadas se hacen en el tiempo equivocado y las decisiones correctas en el tiempo correcto. ¿Cuál es la razón? Permitimos que nuestro medio ambiente controle nuestro pensamiento, el cual, a su vez, controla nuestras decisiones. Por eso, mientras más decisiones se tomen con calma, menos tormentas nos derribarán. Claro que Dios puede utilizar el resultado de nuestras malas decisiones para bien, pero bien podemos evitarnos problemas tomando nuestras decisiones en el tiempo oportuno.

Regla # 4
Manténgase en contacto con la torre de control

Todo piloto sabe el valor que tiene comunicarse con hombres experimentados en los momentos de dificultades. La reacción natural cuando se tiene dificultades en el cielo, es pedir ayuda por radio. No siempre hacemos esto en nuestra vida diaria.

Nuestra tendencia es hacer las cosas por nuestra propia cuenta. Admiramos a los hombres valientes y decididos que salieron adelante solos. Es la manera americana. A veces somos como pequeños Frank Sinatras, cantando a voz en cuello para que todos nos oigan: «Lo hice a mi manera».

Jesús canta otra canción. Sus palabras hablan de plenitud de gozo y frutos. El tema de su canción dice: «Separados de mí nada podéis hacer» (Juan 15.5). El título de su canción es: «Vive en mí y yo viviré en ti» o, más modernamente: «Te sentirás muy bien si estás conectado con la Vid».

La primera estrofa dice: «Permaneced en mí, y yo en vosotros. Como el pámpano no puede llevar fruto por sí mismo, si no permanece en la vid, así tampoco vosotros, si no permanecéis en mí» (Juan 15.4).

La segunda estrofa dice: «Yo soy la vid, vosotros los pámpanos; el que permanece en mí, y yo en él, este lleva mucho fruto; porque separados de mí nada podéis hacer» (Juan 15.5).

La tercera estrofa dice: «El que en mí no permanece, será echado fuera como pámpano, y se secará; y los recogen, y los echan en el fuego, y arden» (Juan 15.6).

La cuarta estrofa dice: «Si permanecéis en mí, y mis palabras permanecen en vosotros, pedid todo lo que queréis, y os será hecho» (Juan 15.7).

Durante un avivamiento en mi iglesia, Dios me hizo entender las afirmaciones de Jesús: «Separados de mí nada podéis hacer». Siempre me he inclinado a pensar: «Separado de Dios puedo hacer solamente algunas cosas». He reconocido rápidamente mi necesidad de Él para hacer «mucho más abundantemente de lo que pedimos o deseamos», pero he creído que puedo hacer solo las cosas que no eran tan grandes. No es así. He aprendido que no puedo «volar solo» en mi mundo nunca más. Sea que el tiempo esté calmado y los cielos azules, siempre debo mantenerme en contacto con Cristo.

Aplicación de actitud:

He hecho las siguientes afirmaciones en este capítulo. Tómese un momento para usar estas verdades en su actitud actual.

1. «Lo que realmente importa es lo que sucede en nosotros, no a nosotros».

   ¿Qué es más importante, la acción equivocada dirigida hacia mí, o la reacción equivocada dentro de mí?

   ¿Por qué?

2. «Siempre segamos lo que sembramos»

   ¿Es verdad eso?

   Si no, ¿por qué?

3. «La diferencia entre el éxito y el fracaso en la toma de decisiones es con frecuencia asunto de tiempo».

   ¿Cuándo debe hacer sus decisiones un ganador?

   ¿Cuándo debo hacer la mía?

4. «Admiramos a esos hombres valientes y decididos que salieron adelante solos y por su propia cuenta. Es la manera americana».

   ¿Cuál es la manera de Dios? Léase 1 Corintios 1.18-31; 2.1-5.

Hablamos sobre los factores que nos hacen perder altitud. Los siguientes capítulos de la sección tres tratan de los factores que nos «hacen estrellar». Son las cosas que nos hacen chocar o las que culpamos cuando hacemos aterrizajes forzosos.

9

Cuando nos estrellamos por dentro

No hay seguridad en esta tierra, solamente oportunidad.

Douglas MacArthur

Hay ciertas tormentas en la vida de la persona que contribuyen a que la actitud se estrelle. Las tres tormentas que trato en este capítulo son predominantemente internas, no externas. Son parte de nosotros y deben ser tratadas constructivamente para que traigan paz y produzcan una actitud sana.

El temor al fracaso

La primera tormenta interna es: *el temor al fracaso*.

Hemos tenido muchas maneras de enfrentarnos con eso. Algunas personas son tan determinantes que dicen: «Si no tienes éxito la primera vez, destruye toda evidencia de que lo intentaste».

Fracaso: Lo escondemos,
lo negamos,
lo tememos,
lo desconocemos, y
lo odiamos.

Hacemos todo menos aceptarlo. Por aceptación no quiero decir resignación y apatía. Quiero decir entendimiento que el fracaso es un paso necesario hacia el éxito. El hombre que nunca cometió una equivocación nunca hizo nada.

Me gusta leer las vidas de los grandes hombres. Una realidad constante en todos es que experimentaron fracasos. En efecto, la mayoría de ellos comenzaron siendo fracasos.

Cuando el gran pianista polaco Ignace Paderewsky decidió estudiar piano, su profesor de música le dijo que sus manos eran demasiado pequeñas para dominar el teclado.

Cuando el gran tenor italiano Enrico Caruso presentó su solicitud para aprender canto, el maestro le dijo que su voz sonaba como el viento que silbaba por la ventana.

Cuando el gran estadista de la Inglaterra victoriana, Benjamín Disraeli intentó hablar en el Parlamento por primera vez, los parlamentarios le pidieron que se sentara y se rieron cuando dijo: «Aunque ahora me siente, vendrá el tiempo en el que me oirán».

Henry Ford olvidó poner una marcha de reversa en su primer carro.

Thomas Edison gastó dos millones de dólares en una invención que demostró ser de poco valor.

Muy pocos lo hicieron bien la primera vez. Fracasos, repetidos fracasos, son las huellas que hay en el camino hacia el éxito. La vida de Abraham Lincoln demostró que la única vez en que no se fracasa es cuando se hace algo y da resultado. Podemos y debemos «caer» e irnos de bruces hacia el éxito.

ABRAHAM LINCOLN. Biografía de un fracaso:

Infancia difícil

Menos de un año de estudios formales

Fracasado en negocios en 1831

Derrotado en elecciones para legislador, 1832

Otra vez fracasado en negocios, 1833

Electo para la legislatura, 1834

Muere su novia, 1835

Derrotado en elecciones para orador, 1838

Derrotado para elector, 1840

Casado con una mujer que fue una carga, 1842

Solamente uno de sus hijos vivió más de 18 años

Derrotado en elecciones para el Congreso, 1843

Electo para el Congreso, 1846

Derrotado para el Congreso, 1848

Derrotado para el Senado, 1855

Derrotado para vicepresidente, 1856

Derrotado para el Senado, 1858

Electo Presidente, 1860

Aceptar el fracaso en el sentido positivo, es algo efectivo cuando usted cree que el derecho a fracasar es tan importante como el derecho a triunfar. Me gusta el clima de San Diego más que a los nativos del Sur de California. ¿Por qué? Porque viví en Ohio y experimenté el invierno de 1978, para no mencionar unos cuantos más. La mayoría de las personas rara vez valoran su buena salud, hasta que no se enferman. El experimentar los problemas nos da un gozo más grande en nuestro progreso si aceptamos el fracaso como un proceso importante para llegar a nuestra meta.

Es imposible triunfar sin sufrir. Si tiene éxito y no ha sufrido, es que alguien ha sufrido por usted; y si está sufriendo sin tener éxito, tal vez alguien tendrá éxito por usted. Pero no hay éxito sin sufrimiento.

Unos años atrás, hablando en Dallas, hice una encuesta entre líderes de iglesias, preguntándoles: «¿Qué es lo que les impide hacer una gran obra para Dios?» La respuesta general fue: «El temor al fracaso». Inmediatamente les hablé sobre el fracaso. Mi mensaje de clausura en una conferencia donde los pastores habían visto y oído historias de éxito, fue sobre: «Fallas, fracasos y meteduras de pata». Todo el contenido de ese discurso de cuarenta y cinco minutos consistió en un relato de todos mis programas que habían fracasado. La audiencia rió histéricamente mientras confesaba abiertamente mis muchas equivocaciones. ¿Por qué? Había reconocido el fracaso y les había dado permiso para hacer lo mismo.

Una vez escuché a Reuben Welch, autor de *We Really Do Need Each Other* [En verdad nos necesitamos el uno al otro], hablar sobre la misma verdad liberadora. Habló como, cuando simplemente nos preocupamos de sobrevivir y conservar el status quo, defendemos una reputación que reprime el progreso y llega a ser autolimitante. Después de oír ese mensaje hice una placa que decía: «No tengo que sobrevivir solamente».

Nuestro Señor no solo enseñó esta verdad sino que también la demostró. Dijo que morir, no vivir, era la clave para la efectividad:

> De cierto, de cierto os digo, que si el grano de trigo no cae en la tierra y muere, queda solo; pero si muere lleva mucho fruto. El que ama su vida, la perderá, y el que aborrece su vida en este mundo, para vida eterna la guardará (Juan 12.24-25).

Pocos capítulos más adelante, leemos cómo Cristo demostró esta verdad en el Calvario. Se convirtió en un ejemplo visible de sus palabras: «Nadie tiene mayor amor que este, que uno ponga su vida por sus amigos» (Juan 15.13). Ciertamente el «síndrome de supervivencia» no era parte de la vida de Jesús.

El apóstol Pablo entendió esta enseñanza cuando dijo de sí mismo:

> Con Cristo estoy juntamente crucificado, y ya no vivo yo, más vive Cristo en mí; y lo que ahora vivo en la carne, lo vivo en la fe del Hijo de Dios, el cual me amó y se entregó a sí mismo por mí (Gálatas 2.20).

Tertuliano, un apologista del segundo siglo, se refirió al asunto de sobrevivir, durante los primeros años de la historia de la iglesia. Algunos cristianos hacían ídolos como profesión. Cuando habló con ellos le dijeron: «Debemos vivir». Tertuliano les devolvió la pregunta: «¿Deben ustedes vivir?» ¿Cuál era su punto de vista? Que es más importante obedecer a Dios que preocuparse de sobrevivir.

Tal vez las palabras de William Arthur Word nos animarán a no pensar en «sobrevivir» y por eso perder nuestro temor de fracasar:

> Si usted es sabio, olvídese de la grandeza. Olvide sus derechos, pero recuerde sus responsabilidades. Olvide sus inconveniencias, pero recuerde sus bendiciones. Olvide sus

propios logros, pero recuerde su deuda con los demás. Olvide sus privilegios, pero recuerde sus obligaciones. Siga los ejemplos de Florence Nightingale, de Albert Schweitzer, de Abraham Lincoln, de Tom Dooley, y olvídese de la grandeza.

Si es sabio, se lanzará a la aventura. Recuerde las palabras del General Douglas MacArthur: «No hay seguridad en esta tierra. Solamente oportunidad». Vacíe sus días en busca de seguridad; llénelos con una pasión por el servicio. Vacíe sus horas de ambición de reconocimiento; llénelas con la aspiración de logros. Vacíe sus momentos de necesidad de entretenimiento; llénelos con el anhelo de creatividad.

Si es sabio, se perderá en la inmortalidad. Pierda su cinismo. Pierda sus dudas. Pierda sus temores. Pierda su ansiedad. Pierda su incredulidad. Recuerde estas verdades: Un hijo debe olvidarse pronto a sí mismo para ser recordado. Debe vaciarse a sí mismo para descubrir un yo más lleno.

Debe perderse a sí mismo para encontrarse. Olvídese de la grandeza. Láncese a la aventura. Piérdase en la inmortalidad.

Corra el riesgo. Trepe y súbase a la rama donde está el fruto. Muchas personas están todavía abrazadas del tronco del árbol, preguntándose por qué no reciben el fruto de la vida. Muchos líderes potenciales nunca lo logran porque se quedan atrás y dejan que otro corra el riesgo. Muchos receptores potenciales nunca recibieron nada porque no dieron un paso fuera de la multitud y lo pidieron. Santiago nos dice: «No tenemos porque no pedimos». En realidad no pedimos porque tememos el rechazo. Por eso no corremos el riesgo.

Reír es correr el riesgo de parecer tonto.
Llorar es correr el riesgo de parecer sentimental.
Acercarse a otro es correr el riesgo de involucrarse.
Demostrar sus sentimientos es correr el riesgo de demostrar su verdadero yo.

Poner sus ideas, sus sueños, delante de la gente es correr el riesgo de perderlos.
Amar es correr el riesgo de no ser amado.
Vivir es correr el riesgo de morir.
Esperar es correr el riesgo de desesperar.
Tratar es correr el riesgo de fracasar.

-Autor desconocido

Pero se debe correr el riesgo, porque el mayor peligro de la vida es no arriesgar nada. La persona que no arriesga nada no hace nada, no tiene nada y no es nada. Puede evitar sufrimiento y dolor, pero no puede aprender, crecer, sentir, cambiar, amar, vivir. Encadenado por estas certezas, es esclavo, ha perdido su libertad.

El temor al fracaso se aferra de aquellos que se toman demasiado en serio. Mientras crecemos, pasamos mucho tiempo preocupándonos de lo que el mundo piensa de nosotros. Cuando llegamos a la madurez nos damos cuenta que el mundo ni se fijó en nosotros todo el tiempo que nos preocupamos. Hasta que aceptemos que el futuro del mundo no depende de nuestras decisiones, no olvidaremos las equivocaciones pasadas.

En su autobiografía, *The Tumult and the Shouting* [La multitud y la gritería], el gran columnista deportivo Grantland Rice da este consejo acerca de las equivocaciones pasadas:

> Porque el golf expone las imperfecciones del «swing» humano, básicamente una simple maniobra, causa más tortura que cualquier juego de ruleta rusa. Mientras más rápido, el golfista promedio, pueda olvidar el golpe que ha errado —y concentrarse en el siguiente golpe— más pronto comienza a mejorar y a disfrutar del golf. Al igual que la vida, el golf puede ser humillante. Sin embargo, poco bien se obtiene de lamentar las equivocaciones cometidas. El siguiente golpe, en el golf o en la vida, es el grandioso.

La actitud es el factor determinante respecto a si nuestros fracasos nos edifican o nos aplastan. La persistencia de una persona que se topa con un fracaso es una señal de una actitud saludable. ¡Los ganadores no renuncian! El fracaso se vuelve devastador y hace que nuestra actitud se estrelle, cuando renunciamos. Aceptar el fracaso como final es ser finalmente un fracaso.

Todos los que están dentro del rango de los arcos dorados conocen el éxito de los restaurantes McDonalds. Los ejecutivos de esta franquicia siguieron una norma que decía: «Insiste. Nada en el mundo puede tomar el lugar de la persistencia. No lo hará el talento; nada en el mundo es más común que hombres de talento sin éxito. El genio no lo hará; el mundo está lleno de ruinas educadas. Solamente la persistencia y la determinación son omnipotentes».

Una clave para fortalecerse en tiempos de fracaso es mirar a nuestro Creador y nuestro principal motivador.

CUANDO PARECE QUE HE FRACASADO

Señor, ¿quieres decirme algo?
Porque...
El fracaso no significa que soy un fracasado;
significa que todavía no he triunfado.
El fracaso no significa que no he logrado nada;
significa que he aprendido algo.
El fracaso no significa que he sido un tonto;
significa que tuve suficiente fe para experimentar.
El fracaso no significa que he sido desgraciado;
significa que me atreví a probar.
El fracaso no significa que no lo tengo;
significa que lo tengo de una manera diferente.
El fracaso no significa que soy inferior;
significa que no soy perfecto.
El fracaso no significa que he desperdiciado mi tiempo;
significa que tengo una excusa para comenzar otra vez.

El fracaso no significa que debo darme por vencido;
significa que debo tratar con más ahínco.
El fracaso no significa que nunca lo haré;
significa que necesito más paciencia.
El fracaso no significa que me has abandonado;
significa que debes tener una mejor idea para mí. Amén.

Aplicación de actitud:

Lea estos pensamientos fortalecedores en cuanto a cómo tratar con el fracaso. Escríbalos en una tarjeta de 3 X 5 pulgadas y téngalos a la mano para que los pueda leer a menudo.

El hombre que nunca cometió una equivocación, nunca hizo nada.

Fracasos, repetidos fracasos, son las huellas que hay en el camino hacia el éxito.

Es imposible triunfar sin sufrir.

«No tengo que sobrevivir solamente».

La actitud es el factor determinante en cuanto a si nuestros fracasos nos edifican o nos aplastan.

Aceptar el fracaso como final es ser finalmente un fracaso.

El fracaso es la línea de mínima persistencia.

El miedo al desaliento

La segunda tormenta dentro de nosotros que puede provocar que nuestra actitud se estrelle es el miedo al desaliento.

Elías es uno de mis personajes favoritos de la Biblia. Nunca un hombre de Dios tuvo un momento de mayor alegría que el que tuvo en el Monte Carmelo. Persistencia, fe, poder, obediencia y oración efectiva caracterizaron a Elías cuando estaba frente a los adoradores de Baal. Pero esa victoria de 1 Reyes 18 fue seguida por el desaliento de 1 Reyes 19. Su actitud cambió de persistencia delante de Dios a inculpamiento a Dios por sus problemas. El temor reemplazó a la fe. El poder desapareció frente a la lástima, y la desobediencia reemplazó a la obediencia. ¡Cuán rápidamente cambian las cosas! ¿Le parece esto familiar? Lea 1 Reyes 19 y descubra cuatro pensamientos sobre el desaliento:

Primero, el desaliento lastima nuestra imagen.

> Y él se fue por el desierto un día de camino, y vino y se sentó debajo de un enebro; y deseando morirse, dijo: Basta ya, oh Jehová, quítame la vida, pues no soy yo mejor que mis padres (v. 4).

El desaliento nos hace vernos menos de lo que somos. Esto llega a ser más grave cuando nos damos cuenta que no podemos actuar de una manera incongruente con la forma en que nos vemos a nosotros mismos.

Segundo, el desaliento nos hace evadir nuestras responsabilidades:

> Y allí se metió en una cueva donde pasó la noche. Y vino a él palabra de Jehová, el cual le dijo: ¿Qué haces aquí Elías? (v. 9).

Los elías de la vida se forman en los montes carmelos, no en las cuevas. La fe nos hace ministrar. El temor nos trae solamente miseria.

Tercero, el desaliento nos hace culpar a otros por nuestros apuros:

> El respondió: He sentido un vivo celo por Jehová Dios de los ejércitos; porque los hijos de Israel han dejado tu pacto, han derribado tus altares, y han matado a espada a tus profetas; y sólo yo he quedado, y me buscan para quitarme la vida (v. 10).

Cuarto, el desaliento empaña los hechos:

«Y yo haré que queden en Israel siete mil, cuyas rodillas no se doblaron ante Baal, y cuyas bocas no lo besaron» (v. 18).

De uno a siete mil. No hay duda: El desaliento había significado un número en este gran profeta. Y si eso sucede a los grandes hombres, ¿qué podemos pensar de nosotros? El desaliento es contagioso.

Tal vez hayan oído la historia del individuo que iba a saltar desde un puente. Un inteligente oficial de policía, lenta y metódicamente, fue hacia él, hablándole todo el tiempo. Cuando estuvo a pocas pulgadas del hombre, le dijo: «Nada puede ser lo suficientemente malo como para que te quites la vida. Cuéntamelo. Háblame acerca de eso». El que iba a saltar le contó cómo su esposa lo había abandonado, cómo su negocio se había ido a la bancarrota, cómo sus amigos lo habían dejado. Todo en la vida había perdido sentido. Por treinta minutos le contó la triste historia al oficial de policía. ¡Entonces ambos saltaron!

Todos estamos sujetos a las corrientes de desaliento que pueden arrastrarnos hasta una zona peligrosa. Si conocemos las causas del desaliento, podemos evitarlo con más facilidad. El desaliento viene *cuando nosotros*:

1. Sentimos que la oportunidad de triunfar se ha ido.

La prueba del carácter es ver qué es lo que le puede detener.

Necesitamos el espíritu del muchacho de las ligas menores.

Un hombre que se detuvo para ver un juego de béisbol de las ligas menores, preguntó a uno de los muchachos cuál era el marcador.

—Estamos menos de dieciocho a cero —fue la respuesta.

—Bien —dijo el hombre—, quiero decirles que no se desanimen.

—¿Desanimarnos? —preguntó el muchacho—. ¿Por qué habríamos de desanimarnos? Todavía no hemos comenzado a batear.

2. Nos volvemos egoístas.

Por lo general, las personas desalentadas piensan mucho en una sola cosa: en ellos mismos.

3. No tenemos éxito en nuestros intentos de hacer algo.

Un estudio conducido por la National Retail Dry Goods Association señala que los primeros intentos sin éxito llevan a casi la mitad de los vendedores a cierto fracaso. Ponga atención:

48 por ciento de los vendedores hacen una llamada y desisten.

25 por ciento de los vendedores hacen dos llamadas y desisten.

15 por ciento de todos los vendedores hacen tres llamadas y desisten.

12 por ciento de todos los vendedores insisten e insisten e insisten e insisten.

Ellos hacen el 80 por ciento de todas las ventas.

Fui testigo de esto cuando pastoreaba la Faith Memorial Church de Lancaster, Ohio. Teníamos varias rutas de ómnibus y recogíamos cientos de personas para llevarlas a la iglesia el domingo. Cada ómnibus tenía un capitán que llamaba a los pasajeros regulares y a los potenciales el sábado anterior. Límites prefijados definían el área geográfica de cada ruta. Los capitanes no podían salirse de su «territorio» para tomar pasajeros nuevos.

Evelyn McFarland era una excelente capitán. Llevaba a más de cincuenta pasajeros cada domingo. ¿Cuál era su secreto? No aceptaba un «no» como respuesta. Todos los sábados llamaba a cada casa para asegurar otro pasajero más. Sus visitas están registradas en un diario. En una página había escrito: «He visitado esta casa más de noventa veces. Al fin dijeron: Sí». Evelyn entendía que no conquistamos por la inteligencia. Conquistamos por la persistencia.

4. Carecemos de propósito y planificación.

Otra caraterística del desaliento es la inactividad. Rara vez ve usted a una persona desalentada corriendo y tratando de ayudar a otros. Cuando usted está desalentado tiende a apartarse. Muchas veces el desaliento viene luego de una victoria. Ese fue el caso de Elías. Tal vez necesitaba otro monte Carmelo para levantar su espíritu.

Cuando carecemos de propósito carecemos de realización.

La vida de Thomas Edison estaba llena de propósito. Cuando hablaba de su éxito, decía:

> Los factores más importantes de la invención pueden ser descritos en pocas palabras. (1) Conocimiento definido de lo que deseamos lograr. (2) Fijación de la mente en ese propósito, con persistencia para buscar lo que se persigue, utilizando lo que se sabe y lo que se puede recibir de los

demás. (3) Perseverancia en probar, sin importar las veces que haya fallado. (4) Rechazo a la influencia de los que han tratado lo mismo, sin éxito. (5) Obsesión con la idea de que la solución al problema está en alguna parte, y se encontrará.

Cuando un hombre predispone su mente para resolver cualquier problema, puede, al principio, toparse con grandes dificultades, pero si continúa buscando, con toda seguridad encontrará alguna clase de solución. Lo malo que hay con la mayoría de las personas, es que desisten antes de comenzar».[1]

Quizás ahora mismo usted se sienta totalmente desalentado, creyendo que es muy poco lo que puede hacer para vencer los sentimientos de frustración e inutilidad. Pero hay algunos pasos que puede dar para salir de esa postración.

1. Acción positiva

Enfrente el problema. Cuando se sienta desalentado, actúe. Nada nos libra del desaliento más rápidamente, que dar pasos positivos hacia la solución del problema.

Cuenta un poeta que caminando en su jardín vio un nido de pájaro en el suelo. La tormenta había sacudido el árbol y desbaratado el nido. Mientras musitaba tristes sobre la destrucción del hogar del pajarito, levantó la vista y lo vio haciendo uno nuevo en las ramas.

2. Pensamiento positivo

Hace poco leía una breve pero estimulante biografía de Thomas Edison escrita por su hijo. ¡Qué personaje tan sorprendente! Gracias a su genio disfrutamos del micrófono,

---

1. Fuente desconocida.

el fonógrafo, la luz incandescente, la batería de placas, las películas habladas y más de mil otras invenciones. Pero tras todo eso había un hombre que rehusaba desanimarse. Su optimismo contagioso influyó en todos cuantos le rodeaban.

Su hijo recuerda una fría noche de diciembre en 1914. Experimentos infructuosos con la batería de placas alcalinas de hierro y níquel, un proyecto en el que trabajó diez años, habían puesto a Edison en la cuerda floja, económicamente. Estaba solvente sólo por las ganancias provenientes de la producción de películas y discos.

En esa noche de diciembre, el grito de «¡Fuego!» se escuchó por toda la planta. El fuego había brotado en el cuarto de películas. En pocos minutos, todos los componentes almacenados, celuloide para discos y películas y otros artículos inflamables, ardían. Acudieron compañías de bomberos de ocho pueblos cercanos, pero el calor era tan intenso y la presión del agua tan baja que los intentos por dominar las llamas fueron inútiles. Todo se destruyó.

Al no encontrar a su padre el hijo se preocupó. ¿Estaba a salvo? Con todos sus bienes destruidos, ¿cómo estaba su espíritu? Entonces vio a su padre que corría hacia él.

«¿Dónde está mamá?», gritó el inventor. «¡Búscala, hijo!, ¡dile que venga y reúna a todos los amigos! ¡Nunca más verán un incendio como este!»

En la madrugada, mucho antes del amanecer, con el fuego ya bajo control, Edison reunió a sus empleados y les hizo un anuncio increíble: «¡Reconstruiremos!»

Dirigiéndose a uno de sus hombres, le dijo que alquilara toda la maquinaria que encontrara en el área. A otro le dijo que consiguiera una grúa en la Erie Railroad Company. Luego, como se le ocurriera de pronto, añadió: «Oh, a propósito, ¿alguno de ustedes sabe dónde podemos conseguir dinero?»

Más tarde, explicó: «Siempre podemos sacar ventaja de un desastre. Lo que ha pasado es que limpiamos un poco de cosas viejas. Ahora construiremos algo más grande y mejor sobre las ruinas». Después de un momento, bostezó, enrolló su saco para que le sirviera de almohada, se acurrucó sobre una mesa e inmediatamente se quedó dormido.

3. Ejemplo positivo

Sucedió en Asia del suroeste en el siglo XIV. El ejército del conquistador asiático, Emperador Tamerlane (descendiente del Gengis Khan), había sido derrotado y dispersado por un poderoso enemigo. El mismo Tamerlane estaba escondido en un pesebre abandonado mientras las tropas enemigas recorrían la comarca.

Estando allí, desesperado y vencido, Tamerlane observó a una hormiga tratando de llevar un grano de maíz por una pared perpendicular. El grano era más grande que la hormiga. El emperador contó sesenta y nueve intentos de la hormiga por llevar el granito. Sesenta y nueve veces se le cayó, pero en la número setenta logró empujar el maíz por la pared.

Tamerlane se puso de pie de un salto y gritó. ¡Él también triunfaría al fin! Y así fue. Reorganizó sus fuerzas y puso al enemigo en fuga.

4. Persistencia positiva

Dos sapos cayeron en una lata de crema
—por lo menos así me lo contaron.
Los lados de la lata eran altos y resbalosos,
la crema era profunda y fría.
«Oh, ¿qué voy a hacer?», dijo el número uno,
«es el destino —no hay quién me ayude—

adiós amigo, adiós mundo cruel!»
Y aún llorando, se hundió.
Pero el número dos, de naturaleza más recia,
chapoteó de sorpresa,
y limpiándose la crema de la cara
y secándose la crema de los ojos, dijo:
«Por lo menos nadaré un poco».
—o así me lo han contado—
"No significará nada para el mundo
si un sapo más muere ahogado".
Una o dos horas pataleó y nadó.
Nunca se detuvo para lamentarse,
sino que pataleó y nadó,
y nadó y pataleó, hasta que salió
arrastrándose por la mantequilla».

-Autor desconocido

Demasiadas veces nos desanimamos, y aceptamos la derrota. Uno de los más famosos caballos de carreras de todos los tiempos fue Man o'War. Cuando tenía dos años, Man o'War ganó seis carreras consecutivas. Luego, en 1919, el campeón encontró un contendor llamado Upset. Por primera vez en su vida, Man o'War fue arrastrado por otro caballo al atravesar la línea de llegada.

Como sucede comúnmente cuando un campeón es derrotado, hay circunstancias que son las que provocan la situación. En esta ocasión, un asistente que trabajaba en la puerta de partida demoró cinco minutos el levantamiento de la barrera. El campeón, muy nervioso danzaba y sacudía la cabeza y cuando repentinamente se levantó la barrera, el gran caballo rojo arrancó oblicuamente, colocándose en quinto lugar en una carrera de siete caballos.

Un campeón no se da por vencido fácilmente, y Man o'War no era la excepción. Hizo un esfuerzo para superar al grupo y a la mitad del camino había alcanzado la cuarta posición. A los tres cuartos, estaba en la tercera posición. En la curva, llegó al segundo lugar. A los diez segundos de la partida, estaba a la altura de Upset. Con dos o tres segundos más, Man o'War hubiera sido un claro ganador. Pero Upset ganó la carrera por el más estrecho margen posible.

Cuando lea sobre este incidente, desearía que el trastorno causado por Upset nunca hubiera sucedido.

Deseará también que los trastornos sufridos por algunos grandes hombres nunca hubieran sucedido.

Abraham falló en una hora de emergencia, y en su debilidad dejó que un rey pensara que Sara, su esposa, era su hermana. Jacob engañó a su hermano y le quitó los derechos de primogenitura; Moisés perdió, por su impaciencia, el derecho de entrar en la tierra prometida; y David, el hombre «según el corazón de Dios», manchó su nombre con adulterio y asesinato. Elías también estuvo trastornado y oró pidiendo su muerte.

Pero —y esto es lo más importante de todo— todos estos hombres, después de estas tragedias, siguieron adelante y ganaron grandes victorias (así pasó con Man o'War un año después, cuando derrotó a Upset).

¿Ha sufrido derrota o desaliento últimamente? Depende de usted decidir cómo tratará las derrotas de la vida. Ningún hombre va por la vida sin encontrar derrotas de vez en cuando. Cuando eso le suceda a usted, ¡no desmaye! El misionero E. Stanley Jones decía que había adoptado este lema para su vida: «Cuando la vida te dé una patada, ¡que esa patada te lance hacia adelante!» ¡Una solución sabia! Cualquiera puede comenzar, pero solamente alguien de buena estirpe puede terminar.

Aplicación de actitud:

Hace mucho tiempo, Harold Sherman escribió un libro titulado *How to Turn Failure Into Success* [Cómo convertir el fracaso en éxito], en el que da un «Código de Persistencia». Si usted se da por vencido muy fácilmente escriba lo que está a continuación y léalo a diario:

1. Nunca me daré por vencido mientras sepa que tengo la razón.
2. Creo que todas las cosas obrarán a mi favor si me sostengo hasta el final.
3. Tendré ánimo y no desmayaré frente a las probabilidades.
4. No permitiré que nadie me intimide ni me separe de mis metas.
5. Lucharé para vencer todos los impedimentos físicos y las contrariedades.
6. Trataré una y otra vez, y todavía una vez más para realizar lo que quiero.
7. Obtendré fe y fortaleza al saber que todos los hombres y mujeres con éxito lucharon contra la derrota y la adversidad.
8. Nunca me rendiré al desaliento o la desesperación no importa con qué obstáculos aparentes me enfrente.

La contención del pecado

La tercera tormenta que sopla dentro de nosotros y hace perder la altura a nuestra actitud hasta que se estrella es: *la contención del pecado*.

> Porque lo que hago, no lo entiendo; pues no hago lo que quiero, sino lo que aborrezco, eso hago. Y si lo que no quiero, esto hago, apruebo que la ley es buena. De manera que ya no soy yo quien hace aquello, sino el pecado que mora en mí. Y yo sé que en mí, esto es, en mi carne, no mora el bien; porque el querer el bien está en mí, pero no el hacerlo. Porque no hago el bien que quiero, sino el mal que no quiero, eso hago. Y si hago lo que no quiero, ya no lo hago yo, sino el pecado que mora en mí. Así que, queriendo yo hacer el bien, hallo esta ley: que el mal está en mí. Porque según el hombre interior, me deleito en la ley de Dios; pero veo otra ley en mis miembros, que se rebela contra la ley de mi mente, y que me lleva cautivo a la ley del pecado que está en mis miembros. ¡Miserable de mí! ¿quién me librará de este cuerpo de muerte? Gracias doy a Dios, por Jesucristo Señor nuestro. Así que, yo mismo con la mente sirvo a la ley de Dios, mas con la carne a la ley del pecado (Romanos 7.15-25).

Pablo no es un jugador de golf que describe un juego intrascendente. Escribe sobre el conflicto de dos naturalezas dentro de él. Una dice: «Haz lo bueno», mientras la otra le arrastra hacia abajo.

Un cristiano recién convertido me contaba la frustración que sentía por no hacer siempre lo que era correcto y lo que él quería hacer.

Este hombre disciplinado me preguntó: «Pastor, ¿entiende cómo me siento?» Le dije: «Sí, Pablo se sentía igual». Busqué Romanos 7 y leí. Me interrumpió y me preguntó: «¿Dónde está ese pasaje? Necesito leerlo de nuevo».

Espero que haya leído también Romanos 8 donde Pablo habla de liberación. «Ahora, pues, ninguna condenación hay para los que están en Cristo Jesús, los que no andan conforme a la carne, sino conforme al Espíritu» (v. 1).

El Salmo 51 es conocido como la oración de David pidiendo perdón después de haber participado del doble pecado de adulterio y asesinato. En el Salmo 32, David deja constancia de cómo se sintió durante el tiempo en que trató de encubrir su pecado: «Mientras callé, se envejecieron mis huesos en mi gemir todo el día» (v. 3) Durante un año trató de vivir con una mala conciencia y una actitud caída. Finalmente, después de la confrontación con el profeta Natán, David oró a Dios pidiendo perdón. Esa oración está en el Salmo 51.1, 2:

> Ten piedad de mí, oh Dios, conforme a tu misericordia; conforme a la multitud de tus piedades borra mis rebeliones. Lávame más y más de mi maldad, y límpiame de mi pecado.

Es perdonado cuando acepta su culpa, reconoce su pecado y no culpa a Dios (vv. 3, 4).

Recibir perdón es una cosa; vencer el pecado es otra. David clama pidiendo poder purificador en los versículos 5 al 13. Su oración revela que hay ocho pasos para esta liberación, y para obtener poder para vencer el pecado:

1. Ayúdame a entender la verdad sobre mí

   «He aquí, tú amas la verdad en lo íntimo, y en lo secreto me has hecho comprender sabiduría» (v. 6).

2. Que la sangre del sacrificio limpie mi corazón

   «Purifícame con hisopo, y seré limpio; lávame y seré más blanco que la nieve» (v. 7).

3. Lléname de gozo y alegría

   «Hazme oír gozo y alegría, y se recrearán los huesos que has abatido» (v. 8).

4. Dios, no te acuerdes más de mis pecados. No puedo soportarlos

«Esconde tu rostro de mis pecados, y borra todas mis maldades» (v. 9).

5. Dame un nuevo corazón que haga el bien

   «Crea en mí, oh Dios, un corazón limpio, y renueva un espíritu recto dentro de mí» (v. 10).

6. Dame la seguridad de tu presencia

   «No me eches de delante de ti, y no quites de mí tu santo Espíritu» (v. 11).

7. Dame una voluntad que quiera hacer lo que tú quieres que haga

   «Vuélveme el gozo de tu salvación, y espíritu noble me sustente» (v. 12).

8. Permíteme enseñar a otros lo que he aprendido

   «Entonces enseñaré a los transgresores tus caminos, y los pecadores se convertirán a ti» (v. 13).

Susana Wesley, madre de Juan y Carlos, dijo esta impactante verdad: «Lo que quiera que debilite tu razón, endurezca la sensibilidad de tu conciencia, oscurezca tu sentido de Dios, o te quite el gusto por las cosas espirituales, es pecado».

Tu actitud comienza a vacilar cuando el pecado entra en tu vida. Una naturaleza mezquina, dura y carnal nos invade, como resultado del pecado. Al principio es atractivo, luego aterrador; al principio es fascinante, luego alienante; al principio engaña, luego condena; promete vida y produce muerte; es lo más desilusionante del mundo.

Entender el problema es un buen primer paso para corregir tu perspectiva. Si tu actitud está en peligro de estrellarse, revisa los indicadores internos. Ve si temes al fracaso, o al desaliento o a contender con el pecado.

10

Cuando nos estrellamos por fuera

La ley de Murphy: «Nada es tan fácil como parece; todo lleva más tiempo que lo que usted espera; si algo tiene que salir mal, saldrá, y en el peor momento posible».

La ley de Maxwell: «Nada es tan difícil como parece; todo es más gratificante que lo que usted espera; si todo puede salir bien, saldrá, y en el mejor momento posible».

Los problemas internos no son sólo las cosas que dañan nuestra perspectiva. Nuestra actitud se estrella cuando las tormentas alrededor nuestro comienzan a cobrar su precio. He señalado cuatro de estas causas externas.

La cercanía de la crítica

Llamo a la primera *La cercanía de la crítica.*

Utilizo la palabra *cercanía* porque la crítica que hiere llega siempre cerca a donde estamos o a lo que amamos.

La crítica de los demás es como tener a alguien «caminando con nuestros zapatos azules de cabretilla».

Cuando, hablando sobre esto, muchas veces pregunto a la audiencia si recuerdan alguna crítica que afectó mucho sus vidas, casi siempre recibo un unánime «sí».

Yo también he oído muchas críticas. Crecí en una denominación que daba un alto sitial a los pastores que recibían anualmente un voto unánime de confianza de sus congregaciones. Las conversaciones durante las conferencias de verano de las iglesias, giraban alrededor de los recientes votos. Este énfasis estaba fuertemente sembrado en mi mente, y mi oración durante mi primer pastorado era: «Oh, Señor, ayúdame a agradar a todos». (Esa es definitivamente una oración para el fracaso.)

Hice lo mejor. Besé a los niños, visité a los ancianos, casé a los jóvenes, enterré a los muertos, hice todo lo que pensaba que debía hacer. Finalmente el voto anual debía basarse en mi desempeño. Quince años más tarde, todavía recuerdo los resultados. Treinta y uno sí, un no, y una abstención. ¿Qué iba a hacer? No agradé a todos. Corrí al teléfono y llamé a mi padre en busca de consejo. Afortunadamente me aseguró que la iglesia pasaría la «crisis». Por desgracia, seis meses después seguía preguntándome quién votó «no».

De esa primera experiencia pastoral aprendí el efecto negativo que la crítica puede tener en un joven líder eclesiástico. Una persona aceptando su llamamiento con un sueño, puede estrellarse fácilmente, a menos que entienda que el mejor fruto es el que se comen los pájaros.

Jesús, que era perfecto en amor y motivos, fue criticado e incomprendido continuamente. La gente:

- lo llamó glotón (Mateo 11.9)
- lo llamó borracho (Lucas 7.34)

- lo criticó por asociarse con pecadores (Mateo 9.11)
- lo acusó de ser samaritano y de tener un demonio (Juan 8.48)

A pesar de haber soportado la incomprensión, la ingratitud y el rechazo, nuestro Señor nunca estuvo amargado, desalentado o derrotado. Cada obstáculo era una oportunidad para Él. ¿Quebrantamiento de corazón? Era una oportunidad para consolar. ¿Enfermedad? Era una oportunidad para sanar. ¿Tentación? Era una oportunidad para vencer. ¿Pecado? Era una oportunidad para perdonar. Jesús cambió las tribulaciones en triunfos.

Esa actitud contrasta con la de Amos, en el antiguo programa de radio «Amos'n Andy show» [El show de Amos y Andy]. Amos estaba cansado de la permanente crítica de Andy. Lo más irritante era el dedo de Andy continuamente golpeando el pecho de Amos. Un día, Amos ya no pudo más. Compró un poco de dinamita, la fijó a su pecho y dijo a su amigo Kingfish: «La próxima vez que Andy comience a criticarme y a golpear su dedo contra mi pecho, ¡esta dinamita le volará su mano!» Por supuesto que no se detuvo a pensar en lo que le pasaría a su precioso pecho.

Nos herimos nosotros mismos cuando nuestra reacción hacia los que nos critican se vuelve negativa. Cuando surgen tales sentimientos, es importante leer las enseñanzas de Jesús:

> Oísteis que fue dicho: Amarás a tu prójimo y aborrecerás a tu enemigo. Pero yo os digo: Amad a vuestros enemigos, bendecid a los que os maldicen, haced bien a los que os aborrecen, y orad por los que os ultrajan y os persiguen; para que seáis hijos de vuestro Padre que está en los cielos, que hace salir su sol sobre justos e injustos, y que hace llover sobre justos e injustos. Porque si amáis a los que os aman, ¿qué recompensa tendréis? ¿No hacen también lo mismo los publicanos? Y si saludáis a vuestros hermanos solamente,

¿qué hacéis de más? ¿No hacen también así los gentiles? Sed, pues, vosotros perfectos, como vuestro Padre que está en los cielos es perfecto (Mateo 5.43-48).

Aplicación de actitud:

He aquí algunas maneras de impedir que la crítica sabotee su actitud:

1. Siempre que sea posible, evite a las personas que le deprimen. La gente pequeña trata de derribarle, pero la gente grande le hace sentir valioso.
2. Pregúntese: ¿Qué es lo que más me molesta cuando soy criticado? ¿Quién lo dice? ¿Por qué lo dice? ¿Con qué actitud lo dijo? ¿Dónde lo dice? La crítica que viene de diferentes personas ¿es sobre el mismo asunto? ¿Es válida? Si es así, ¿estoy haciendo algo al respecto?
3. Busque a un amigo que tenga el don del estímulo. Vaya donde él, y reciba de su don. Pero nunca reciba su apoyo sin utilizar sus dones para ministrarle a cambio.

La presencia de los problemas

La segunda tormenta es *la presencia de los problemas.*

Al hijo único de una pareja le enviaron a estudiar en la universidad. Se esperaba mucho de él, pero sus notas eran bajas. Después de pocos meses fue expulsado de la escuela. Conociendo el desaliento que tendrían sus padres, envió a su madre un telegrama que decía: «Perdí todos mis cursos- expulsado de la escuela- regreso a casa- prepara papá».

Al siguiente día recibió este telegrama: «Papá preparado- prepárate tú».

La vida está llena de problemas así y haríamos muy bien en estar preparados para ellos. No hay tal lugar libre de problemas, y no hay tal persona que no conozca los problemas. ¡Y los cristianos no son una excepción!

Es mi responsabilidad y privilegio discipular a los principales líderes de mi congregación. Pocos años atrás estudié 2 Timoteo en una serie que titulé: «Un receso para Timoteo». Uno de los temas era «Persecución del líder cristiano». Y este era el pensamiento central: «Todos los que quieran practicar vidas piadosas en Cristo Jesús serán perseguidos». El asunto principal tratado en el estudio era: «¿Puede usted nombrar a un personaje de la Biblia, grandemente usado por Dios, que no soportó tribulaciones?» Inténtelo. Casi sin excepción, las personas de quienes leemos en la Palabra de Dios encontraron problemas.

Cuando Noé navegó el mar azul
tuvo problemas igual que tú;
cuarenta días buscó un lugar
antes de hacer la barca descansar.

A veces, nos encontramos «inundados» de problemas. Tal vez sea el número de dificultades, más que el tamaño de las mismas, lo que nos aplasta. Todos tenemos momentos cuando «mordemos más de lo que podemos masticar».

Hay momentos cuando nos sentimos como el entrenador de leones que tenía más de lo que podía controlar, y puso el siguiente aviso en el periódico: «Entrenador de leones, necesita entrenador de leones».

El aviso enfatiza el sentimiento del hombre de la siguiente historia:

Era una de esas personas que aceptaba todo lo que sucedía como una manifestación del poder divino. No era asunto suyo, decía, cuestionarse las obras de la Divina Providencia.

El infortunio le había acompañado toda su vida, sin embargo nunca se quejó. Se casó y su esposa se fue con uno de los empleados. Tuvo una hija y la hija fue engañada por un villano. Tuvo un hijo y su hijo fue linchado. Un incendio consumió su granero, un ciclón derribó su casa, una tormenta de granizo destruyó sus cosechas, y el banquero ejecutó la hipoteca y le quitó su granja. Sin embargo, después de cada golpe del infortunio se arrodillaba y daba gracias a Dios por su infinita misericordia.

Después de un tiempo, sin un centavo, pero todavía sumiso a los decretos de lo alto, fue a dar en la casa para pobres del condado. Un día, el supervisor le envió a arar un campo de papas. Vino una tormenta y parecía que pasaría sin hacer daño cuando, sin advertencia, descendió del cielo un rayo centellante. Derritió el arado, arrancó casi todos sus vestidos, chamuscó su barba, marcó su espalda desnuda con las iniciales del ganadero vecino, y le lanzó al otro lado de una cerca alambrada de púas.

Cuando recuperó el conocimiento, se puso lentamente de rodillas, junto sus manos y levantó sus cejas hacia el cielo. Entonces, por primera vez, acertó: «Señor», dijo, «¡esto está poniéndose ciertamente ridículo!»

Cuando nuestra actitud se estrella, tenemos dos alternativas: Podemos, o cambiar la dificultad, o cambiarnos a nosotros mismos. Lo que se pueda cambiar, para lo mejor, debe ser cambiado. Cuando eso es imposible, debemos ajustarnos a las circunstancias de una manera positiva.

Antes de los días de los antibióticos. Robert Louis Stevenson, el gran novelista escocés, autor de *La isla del tesoro*, estuvo postrado en cama con consunción por mucho tiempo. Pero la enfermedad nunca disminuyó su optimismo. Una vez, cuando su esposa le oyó toser muy malamente, le dijo: «Espero que todavía creas que es un día maravilloso».

Stevenson miró los rayos del sol reflejándose en las paredes de su dormitorio, y contestó: «Lo creo. Nunca permitiré que una hilera de frascos de medicamentos bloquee mi horizonte».

El apóstol Pablo tenía la misma actitud. Dijo:

> Estamos atribulados en todo, mas no angustiados; en apuros, mas no desesperados; perseguidos, mas no desamparados; derribados, pero no destruidos (2 Corintios 4.8, 9).

Aplicación de actitud:

¿Qué son los problemas?

LOS QUE PREDICEN: Ayudan a moldear nuestro futuro.

LOS QUE RECUERDAN: No somos suficientes. Necesitamos que Dios y los demás nos ayuden.

SON OPORTUNIDADES: Nos sacan de la rutina y nos hacen pensar creativamente.

SON BENDICIONES: Nos abren puertas por las que, por lo general, no hubiéramos pasado.

SON LECCIONES: Cada nuevo reto será un maestro para nosotros.

ESTÁN EN TODAS PARTES: Ningún lugar o persona está excluido de ellos.

SON MENSAJES: Nos advierten sobre desastres potenciales.

SON SOLUCIONABLES: Ningún problema es sin solución.

El conflicto del cambio

La tercera conducta externa que hace caer nuestra actitud es *el conflicto del cambio.*

No resistimos a nada tanto como al cambio. Muchas veces disfrutamos la recompensa del cambio, pero resistimos su proceso. Somos criaturas de hábito. Primero los formamos, luego nuestros hábitos nos forman. Somos lo que hacemos repetidamente. Es fácil ver nuestro mundo solamente desde nuestra perspectiva. Cuando eso ocurre nos estancamos y estrechamos.

Lea las siguientes oraciones. Una es verdadera, la otra no.

«El cambio trae crecimiento».

«El crecimiento trae cambio»

La primera oración: «El cambio trae crecimiento», es verdadera solamente si su actitud es correcta. Teniendo la actitud adecuada, todo cambio, sea positivo o negativo, será una experiencia de aprendizaje que resultará en una experiencia de crecimiento.

Nuestra incapacidad para controlar las situaciones cambiantes ha sido la causa para que muchas actitudes se estrellen. Pero esto no tiene que ser así.

En una Navidad fui por todas las dependencias de nuestra iglesia deseando a todos felicidades. Me acerqué a una de las secretarias voluntarias y le pregunté: «¿Está lista para la Navidad?» Con una sonrisa me contestó: «Casi. Me falta un osito más que rellenar». Pensando que estaba haciendo osos para sus nietos, le pregunté: «¿Cuántos nietos tiene?» «Ninguno», me contestó, «pero no importa, fui a mi vecindario y adopté algunos. Pensé que si voy a tener una familia en Navidad, ¡es mejor que la forme!»

Entonces me explicó algo sobre los problemas que había tenido con su propia familia. Mientras más me contaba, más sentía que esta notable señora no quería ahogarse en el estanque de compasión en el que muchos se hunden. Para ella, las navidades serían hermosas y no solitarias, sólo porque no permitía que su actitud se estrellara contra cosas que no podía controlar.

El doctor G. Campbell Morgan cuenta de un hombre cuya tienda se había quemado en el gran incendio de Chicago. Llegó a las ruinas, al siguiente día, llevando una tabla. La colocó en medio de los escombros y escribió sobre ella la siguiente leyenda: «Perdido todo, menos esposa, hijos y esperanza. El negocio abrirá, como de costumbre, mañana por la mañana».

Lamentablemente, muchos son como el anciano en Maine del norte que había pasado los cien años. Un periodista de Nueva York que le hizo una entrevista, comentó: «Apostaría que ha visto muchos cambios en sus cien años».

El viejo cruzó sus brazos, proyectó su quijada y replicó con indignación: «Sí, ¡y he envejecido con cada uno de ellos!»

He pasado mucho tiempo observando por qué y cuándo la gente se resiste al cambio. Algunos se esfuerzan hasta que logran la comodidad, entonces se quedan allí y no quieren crecer. Para muchos, una experiencia negativa les ha hecho retroceder y decir «nunca más».

En un acuario costero, una barracuda salvaje quiso atacar enseguida a la macarela que veía, pero fue detenida por la división del estanque. Después de darse muchos golpes contra el vidrio, finalmente desistió. Más tarde, la división fue quitada pero la barracuda nadaba solo hasta el punto donde había estado antes. Creía que todavía estaba allí. Muchas personas son así, avanzan hasta que llegan a una barrera imaginaria, y se detienen frente a una autoimpuesta actitud de limitación.

Si sólo supieran cuán enfermiza es una actitud así.

El cambio es esencial para crecer. Un famoso inventor dijo una vez: «El mundo odia el cambio, sin embargo, es lo único que ha traído progreso». Para el cristiano, el cambio nos debería llevar más cerca de Dios. Él ha ordenado cambiar. Necesitamos recordar que no todas las personas nacen a la vez. Dios ha ordenado que haya una sucesión de generaciones: Primero, el hombre es hijo, luego padre, luego abuelo y posiblemente bisabuelo. Cada nueva generación es la manera de Dios para decirnos que Él todavía tiene para nosotros un propósito por cumplir. En efecto, cada generación tiene tres funciones específicas que cumplir: (1) conservar, (2) criticar, (3) crear.

Cada generación es un banco en el que la generación anterior deposita sus valores. La nueva generación examina esos valores, descarta lo que ya no se necesita, y usa lo que queda para crear nuevos valores. Todo este proceso de conservar, criticar y crear produce lo que tememos: cambio.

Suponga que cada generación tuviera que descubrir los números, o el idioma, o la medicina, o el evangelio. El mundo no vería ningún progreso. Pero porque cada generación conserva lo que las anteriores han descubierto, podemos continuar haciendo progresos en las áreas importantes de la vida. Esto no significa que cada generación necesariamente use estos conocimientos y habilidades conservados para los mejores propósitos, pero sí significa que cada nueva generación se sube sobre los hombros de la pasada y trata de llegar más alto.

Cuando nos demos cuenta que Dios ha ordenado las nuevas generaciones, y que las nuevas generaciones traen cambio, entenderemos que una generación no puede hacer nada sin los demás. A la generación vieja le gusta conservar, a la joven le gusta criticar, pero esta interacción produce la fricción que ayuda a generar el poder para el progreso. La generación vieja es nuestro eslabón con el pasado, la joven es nuestro eslabón con el futuro, y a ambas las necesitamos. Los hombres jóvenes necesitan la visión de los hombres viejos, y estos necesitan la visión de aquellos. Embalsamar el pasado es convertir a la sociedad en un museo y destruir lo que Dios ha hecho para nosotros en el futuro.

Aun cuando la gente se dé cuenta que el cambio es inevitable, responde de manera diferente a sus retos. Algunos se meten en sus refugios emocionales y espirituales y rehúsan ser parte de la acción. Un miembro de una iglesia le dijo a su pastor: «¡Es un alivio venir a una iglesia en donde nada ha cambiado en treinta años!» Mi corazón sangra por ese pastor.

Por otra parte están los que van al otro extremo y cambian con todo viento que sopla. Saltan de vagón en vagón y, como los atenienses a quienes predicó Pablo, están siempre buscando algo nuevo. Entierran los viejos himnos, las formas tradicionales de oración son hechas a un lado, y aun la terminología tradicional es reemplazada por una jerga que deja al pobre adorador preguntándose si Dios entiende lo que está pasando.

Sin embargo, el cambio correcto nos fortalece. Moisés usa esta ilustración en Deuteronomio 32.11 cuando describe a la madre águila obligando a su aguilucho a abandonar el nido y volar. El aguilucho quiere permanecer en el nido y ser alimentado, pero si permanece, nunca usará sus grandes alas para disfrutar de las grandes alturas para las que fue creado. De manera que su madre tiene que sacarlo del nido, atraparlo sobre sus alas cuando cae demasiado lejos y repetir el proceso hasta que aprende a volar por su cuenta.

A usted y a mí nos gustan nuestros niditos. Hemos trabajado mucho para construirlos. Esto explica por qué resentimos cuando Dios sacude el nido. Dios quiere que crezcamos. Las almas tímidas oran: «¡Quién me diese alas como de paloma! Volaría yo, y descansaría» (Salmos 55.6). Pero el valiente debe reclamar el cumplimiento de Isaías 40.31 «Levantarán alas como las águilas» ¡justo frente al viento! No todo el que envejece crece, y los que no crecen son casi siempre los que han eludido el reto del cambio.

Nos anima ver cuántos hombres y mujeres han sido usados por Dios durante lo que hubieran sido sus «años de descanso». Abraham y Moisés no eran jóvenes cuando Dios los llamó, y cuando Saulo de Tarso estaba preparado para su cómoda carrera rabínica, Dios sacudió su nido y lo obligó a volar. La iglesia moderna y la historia misionera están llenas de historias acerca de gente madura que voluntariamente dejaron el nido para servir a Dios con las alas del águila.

La noche del negativismo

La cuarta tormenta que causa la mayoría de las desgracias con la actitud, es lo que llamo *la noche del negativismo*.

Nuestros pensamientos gobiernan nuestras acciones. Eso es un hecho. En Mateo 15.19, el Señor dijo: «Porque del corazón salen los malos pensamientos, los homicidios, los adulterios, las fornicaciones, los hurtos, los falsos testimonios, las blasfemias». La pregunta es: «¿Somos gobernados por pensamientos positivos o negativos?» Así como los pensamientos negativos producen acciones negativas, los pensamientos positivos producen acciones positivas. Ahora estamos donde estamos y somos lo que somos por los pensamientos que dominaron nuestras mentes.

Pablo comprendió el poder de nuestros pensamientos, y en Filipenses 4 nos invita a dejar que nuestras mentes piensen en «todo lo que es verdadero, todo lo honesto, todo lo justo, todo lo puro, todo lo amable, todo lo que es de buen nombre» (v. 8) y en las cosas que sean buenas y dignas de alabanza.

Nuestro reto es pensar bien en un mundo negativo. Cada día recibimos noticias desalentadoras. Conocemos a personas que difícilmente esperan lo que el futuro les depara, por lo tanto miran hacia atrás con dolor.

Preguntados por la firma investigadora de mercado R.H. Brieskin Associates, sobre lo mejor que les había sucedido en los últimos cinco años, el doce por ciento de las personas encuestadas respondieron: «Nada». Estas personas solamente podían ver opciones malas en toda situación. Si tragan un huevo temerán moverse por miedo a que se rompa, y tendrán miedo de sentarse por temor de empollar. El pensamiento y la vida negativos producen mucho detrimento en nuestra vida. Miremos algunos.

1. El pensamiento negativo pone nubarrones en los tiempos en que debemos tomar decisiones importantes

Estamos tensos en vez de relajados. Presentar un examen es un ejemplo de esto. Un comentario que se oye a menudo en los repasos es: «Espero que no me hagan esta pregunta. Estoy seguro de que no podría contestarla». Comienza el examen y como se esperaba, allí está la pregunta, seguida del resultado que se esperaba. ¿Accidente? No. Profecía cumplida. Se sintió negativo frente a la pregunta, declaró su temor y respondió de acuerdo a eso. La próxima vez que estudie para un examen dígase: «Si habrá un momento en que recuerde mejor esta pregunta, será cuando rinda mi examen».

2. La conversación negativa es contagiosa

Un hombre que vivía a un lado de la carretera y vendía «perros calientes» era un poco sordo, así que no tenía radio. Tenía un problema con sus ojos, por tanto no leía los periódicos. Pero vendía muy bien sus «perros calientes». Había puesto letreros en la carretera anunciándolos. Se paraba a un lado del camino y gritaba: «¡Compren perros calientes!» Y la gente compraba sus perros calientes. Aumentó sus órdenes de carne y pan, compró una estufa más grande para atender mejor su negocio, y todo iba muy bien.

Un día, su hijo volvió a casa luego de los estudios universitarios. El hombre lo tuvo finalmente con él para que lo ayudara. Pero entonces sucedió algo: «Padre, ¿no has oído la radio?», le preguntó el hijo. «¿No has leído los periódicos? Hay una gran recesión. La situación europea es terrible. La situación nacional es peor».

Entonces el padre pensó: «Bueno, mi hijo ha estado en la universidad, lee los periódicos y escucha la radio, y debe saber».

Así que el padre suspendió sus órdenes de carne y pan, retiró los letreros y ya no se preocupó de estar al borde de la carretera vendiendo sus perros calientes. Sus ventas se fueron abajo de la noche a la mañana.

«Tienes razón hijo», dijo el padre al muchacho. «Ciertamente que estamos en medio de una gran recesión».

¿Ha cambiado sus acciones la actitud negativa de alguien?

3. El pensamiento negativo saca todo fuera de proporción

Algunas personas tratan el problema de un techo con goteras como si fuera un huracán. Todo es un proyecto grande. Encuentran un problema en cada solución.

La Ley de Murphy dice: «Nada es tan fácil como parece; todo lleva más tiempo de lo que usted espera; si algo puede salir mal, saldrá, y en el peor momento posible».

La Ley de Maxwell dice: «Nada es tan difícil como parece; todo es más gratificante de lo que espera; si algo puede salir bien, saldrá, y en el mejor momento posible».

4. El pensamiento negativo limita a Dios y a nuestro potencial

Una de las historias más tristes de la Biblia es la del fracaso de Israel para entrar en la tierra prometida, como se cuenta en Números 13 y 14. Es un ejemplo clásico de cómo un informe negativo puede limitar a Dios y a los demás.

Doce espías fueron a Canaán bajo las mismas órdenes, a los mismos lugares, en el mismo tiempo y volvieron con diferente opinión. Para Josué y Caleb la tierra prometida era todo lo que Dios dijo que sería. Ellos informaron:

> Ciertamente fluye leche y miel; y este es el fruto de ella (v. 27).

Los otros diez hombres entregaron un informe negativo. En los versículos 28 y 29 del capítulo 13, informaron hechos sin fe.

> Mas el pueblo que habita aquella tierra es fuerte, y las ciudades muy grandes y fortificadas; y también vimos allí a los hijos de Anac. Amalec habita el Neguev, y el heteo, el jebuseo y el amorreo habitan en el monte, y el cananeo habita junto al mar, y a la ribera del Jordán.

En el versículo 31 vemos que tenían metas sin Dios.

Mas los varones que subieron con él, dijeron: No podremos subir contra aquel pueblo, porque es más fuerte que nosotros.

Los versículos 32 y 33 nos dicen que continuaron con exageración y sin valor:

> Y hablaron mal entre los hijos de Israel, de la tierra que habían reconocido, diciendo: La tierra por donde pasamos para reconocerla, es tierra que traga a sus moradores; y todo el pueblo que vimos en medio de ella son hombres de grande estatura. También vimos allí gigantes, hijos de Anac, raza de los gigantes, y éramos nosotros, a nuestro parecer, como langostas; y así les parecíamos a ellos.

¿Cuál fue el resultado?

> Entonces toda la congregación gritó, y dio voces; y el pueblo lloró aquella noche. Y se quejaron contra Moisés y contra Aarón todos los hijos de Israel; y les dijo toda la multitud: «¡Ojalá muriéramos en la tierra de Egipto; o en este desierto ojalá muriéramos! ¿Y por qué nos trae Jehová a esta tierra para caer a espada, y que nuestras mujeres y nuestros niños sean por presa? ¿No nos sería mejor volver a Egipto? Y decían el uno al otro: Designemos un capitán, y volvámonos a Egipto (Números 14.1-4).

5. El pensamiento negativo nos impide disfrutar la vida

Una persona negativa no espera nada más de una bandeja de plata sino que se manche. Si tiene un vecino negativo, pídale prestada una taza de azúcar. Él nunca espera que se la devuelvan. Chilsom, un pensador, dijo: «Cuando las cosas parecen que van a mejorar, usted ha pasado por alto algo».

6. El pensamiento negativo impide a los demás dar una respuesta positiva

Este es probablemente el peligro más grande de una vida negativa. Tiende a controlar a quienes usted ama y en quienes influye más.

Aun la respuesta a una pregunta depende en mucho de cómo usted la haga. Como los vendedores de experiencia lo saben, las preguntas hechas de una manera positiva o negativa, casi siempre provocan una respuesta de acuerdo.

Un estudiante de sicología entró en el ejército decidido a probar esta teoría. Le asignaron entregar albaricoques al final de la línea de comida.

«¿No quiere albaricoques, verdad?», preguntó a los primeros hombres, el noventa por ciento dijo: «No».

Entonces probó el método positivo: «¿Quiere algunos albaricoques, verdad?» Casi la mitad respondió: «Este... sí... Tomaré unos cuantos».

Luego probó un tercer método basado en la técnica fundamental de «o, o». «¿Un plato de albaricoques, o dos?», preguntó. Y pese a que a la mayoría de los soldados no les gusta los albaricoques del ejército, el cuarenta por ciento tomó dos platos y el cincuenta por ciento tomó uno.

El tipo más común de negativismo que estorba a los demás, se caracteriza por lo que llamo una declaración de «mundo plano». Es una afirmación sincera condicionada por la educación y la experiencia que se ha tenido en el pasado. No es verdad y sin embargo se acepta como un hecho, y por ella se dirige el pensamiento y las acciones de muchas personas.

La historia está llena de ejemplos de expertos que dijeron positivamente que las cosas no podían hacerse, y se les probó que estaban equivocados. La ilustración clásica de una declaración de «mundo plano», es la de Colón y sus planes de exploración.

En 1490, la reina Isabel y el rey Fernando de España encargaron a un comité real para que estudiara el proyecto de Cristóbal Colón de encontrar una ruta nueva y más corta hacia las legendarias Indias.

El comité, un impresionante panel de expertos dirigidos por destacados geógrafos y eruditos de España, examinó los planes de Colón y presentó sus conclusiones al rey y a la reina. El proyecto no podía ser llevado a cabo. Totalmente imposible, escribieron.

Colón tuvo problema para financiar sus viajes y convencer a una tripulación a navegar «alrededor» del mundo. ¿Por qué? Estaba combatiendo un enajenamiento cultural. La mayoría de la gente creía una cosa y no estaban receptivos a otras posibilidades. Para Colón, el problema era que todos *sabían* que la tierra era plana.

Afortunadamente, Isabel, Fernando y, lo que es más importante, Colón mismo, ignoraron a los expertos. La Niña, la Pinta, y la Santa María se hicieron a la vela y se descubrió que un «mundo plano» era redondo. «Imposibles» nuevas tierras se convirtieron en florecientes y muy «posibles» lugares.

Durante los primeros 1900, una impresionante corriente de afirmaciones científicas ridiculizaron la idea del avión. Absurdo y sin sentido, decían. Una fantasía inducida por el opio. Una idea chiflada.

Uno de los periodistas científicos más influyentes de Estados Unidos se apresuró a decir: «Se está desperdiciando tiempo y dinero en los experimentos de aviación».

Una semana más tarde, en un campo lleno de baches llamado Kitty Hawk, en Carolina del Norte, los hermanos Wright pusieron su idea chiflada a la cabecera de una pista hecha a mano y lanzaron a la humanidad al aire.

Aun después de eso, los expertos continuaban sin creer en el aeroplano.

El mariscal Foch, comandante supremo de las fuerzas aliadas en Francia durante la primera guerra mundial, observó una demostración y dijo: «Está muy bien para deporte, pero no es de ninguna utilidad para el ejército».

Thomas Edison consta en la historia como uno que dijo que las películas habladas no tendrían éxito. «Nadie», dijo, «pagaría para escuchar sonidos que vienen de una pantalla».

Él también trató de persuadir a Henry Ford para que abandonara su trabajo sobre la peregrina idea de un motor para automóvil. Edison, persistente en sus propias empresas, dijo al joven Ford: «Eso no tiene ningún valor. Ven y trabaja para mí y haz algo de verdadero valor».

Los expertos le dijeron a Benjamín Franklin que dejara todos esos tontos experimentos con la luz. Era un desperdicio de tiempo, dijeron.

Madame Curie fue obligada por los expertos a olvidar la idea científicamente imposible del radio.

Lawrence Olivier fue aconsejado insistentemente por un sincero experto teatral para que renunciara a sus planes para una carrera en el teatro porque no tenía lo que se necesita para ser un buen actor.

Sin duda, regresando atrás en el tiempo, podemos ver a un porfiado cavernícola insistiendo en que podría encender el primer fuego producido por la mano del hombre, y ver a su alrededor a todos los viejos de barba y pelo gris y a los sabios, negando con su cabeza y diciendo: «No está bien de la cabeza. Alguien debería decirle que eso sencillamente no será posible».

Ahora, todavía tenemos dificultades con la gente del «mundo plano». Muchas de nuestras suposiciones aceptadas tienen la tendencia a entorpecer la creatividad y la realización de nuestro verdadero potencial.

Para cristalizar nuestro entendimiento de esta sutil forma de negativismo, enumero algunas afirmaciones de «mundo plano».

«Los líderes nacen, no se hacen».
«Los buenos terminan últimos».
«No es lo que usted sabe, sino a quien usted conoce».
«No se puede enseñar nuevas gracias a un perro viejo».

Cuando estamos condicionados a verdades conocidas y cerrados a nuevas posibilidades positivas, sucede lo siguiente:

Vemos lo que *esperamos* ver, no lo que *podemos* ver.

Oímos lo que *esperamos* oír, no lo que *podemos* oír.

Pensamos lo que *esperamos pensar*, no lo que *podemos* pensar.

Aplicación de actitud:

¿Cómo hacer de su «mundo plano» uno redondo?

1. Identifique la razón por la cual usted es una persona de «mundo plano».
2. Identifique las áreas en las que piensa como «mundo plano».
3. Identifique a las personas que pueden ayudarle a cambiar este limitante proceso de pensamiento.
4. Controle continuamente su progreso.
5. Lea y escuche libros y cintas positivos de autoayuda.
6. Acepte muy pocas afirmaciones dogmáticas.
7. Coloque todas las afirmaciones hechas en su debido contexto.

8. Tome en cuenta la fuente de la afirmación.
9. Recuerde, la experiencia puede limitar su perspectiva antes que expandirla.
10. Lo que es posible no siempre se logra rápidamente ni siempre es respaldado con entusiasmo.

Pensamiento para concluir:

Una mente de «mundo plano» nos permite dormir sobre él.

Una mente de «mundo redondo», nos mantiene moviéndonos alrededor de él.

Sección IV

El cambio de actitud

11

Suba, suba y vuele lejos

La mayoría de las personas están muy cerca de llegar a ser lo que Dios quiere que sean.
John Maxwell

Uno de los más grandes descubrimientos que hacemos, una de nuestras más grandes sorpresas, es encontrar que podemos hacer lo que temíamos que no podríamos. Los barrotes de la cárcel contra los que nos golpeamos están dentro de nosotros; nosotros los ponemos y nosotros podemos quitarlos.

Esa afirmación incluye algunas noticias buenas y otras malas. Las malas son que llevamos muchos de los problemas dentro de nosotros mismos. Las buenas son que comenzando hoy mismo podemos salir de la prisión de las malas actitudes y ser libres para gozar una vida útil.

Esta sección tiene por objeto establecer un proceso claro para ayudarle a superar su problema de actitud.

Para que tenga éxito, debe entender estas verdades:

1. El proceso requiere mucha dedicación y trabajo para ser efectivo.

2. El proceso de cambio nunca es completo, por eso, una revisión constante de la sección IV asegurará mejores resultados.

3. Todas las excusas por las actitudes equivocadas deben eliminarse inmediatamente. Encare el cambio con la sinceridad y honestidad de la canción espiritual negra que dice: «Soy yo, soy yo, soy yo, oh Señor, el que necesito la oración».

4. Busque a un amigo ante el que pueda reportar su cambio de actitud.

5. Recuerde, mientras lee estas páginas puede cambiar cualquier actitud con la que no esté de acuerdo.

La actitud personal es mi principal énfasis en las conferencias sobre liderazgo que dicto por todo el país. La mayoría de las personas están muy cerca de ser las personas que Dios quiere que sean. Continuamente les digo a ellos y ahora a usted: «¡Usted es solamente una actitud que se manifiesta!» Mi más grande alegría es ayudar a cientos de personas a cambiar una actitud por el resto de sus vidas. En este capítulo incluyo un testimonio de un cambio de vida producido por un cambio de actitud, para que al leerlo se inspire. Lea esta historia y recuerde que esto le puede suceder a usted.

> «Como el hombre piensa en su corazón, así es él» (Proverbios 23.7). Este versículo tiene especial significado para mí. He experimentado personalmente la influencia de las actitudes, porque mi pensamiento acerca de la vida ha producido dos hombres diferentes.
>
> Mi conversión a Cristo fue el punto crucial para mí. Cambié de una persona con una actitud negativa a otra con mente positiva. La gente me ve como una persona muy positiva ahora, pero no me hubieran reconocido once años atrás. Mis actitudes han pasado por un proceso sanador, modelador y transformador.

Antes de ser cristiano, mi actitud fue moldeada por el mundo que me rodeaba. Mi pensamiento se conformó a los valores del mundo. Fui criado en un hogar destrozado y estaba saturado con la actitud de que la vida no era otra cosa sino una lucha constante para sobrevivir. Tenía una autoimagen negativa porque la gente significativa de mi vida (mi familia, mis compañeros, etc.) tenían autoimágenes negativas. La crítica y el pensamiento negativo moldeaban mi manera de vivir porque esas eran las actitudes de la gente que me rodeaba. Los obstáculos y los problemas nunca fueron vistos como oportunidades para el crecimiento. Los problemas eran maldiciones con las que se vivía y no bendiciones ocultas.

Sentí que la vida me había tratado mal. Estaba convencido de que tenía el peor lado en todo. Estaba centrado en mí mismo y buscaba solamente lo mío. Quería ver sólo lo que podía obtener de la vida. Viviendo esta vida negativa no encontraba realización. La vida misma carecía de significado; siempre había una nube negra cerniéndose sobre ella.

La gente con la que me reunía, la literatura que leía, la música que escuchaba y mi falta de conocimiento de Dios, formaban mis actitudes de una manera nada positiva.

Cristo vino a mi vida en el momento preciso. Cuando estaba más desalentado que nunca, Él me hizo una nueva criatura. Me di cuenta que «Cristo en mí» significaba una transformación de mi mente. No llegué a ser una persona superpositiva de la noche a la mañana, pero de inmediato comencé a ver la vida de diferente manera.

Su Palabra dentro de mí, no el mundo alrededor mío, influyó en mi actitud. Tome la decisión gustosa de vivir por la Palabra de Dios. Tuve una batalla con los pensamientos negativos recurrentes, pero deseé de todo corazón ser diferente. Quise ser una persona positiva. Quise tener la mente de Cristo.

A medida que aprendía más de Cristo, sometido a su voluntad y siguiendo su dirección, mi amargura hacia la vida desapareció. La vida llegó a ser una bendición, no una carga. Estaba llena de oportunidades, no de obstáculos.

Me propuse ponerme en contacto con personas positivas, leí libros sobre el pensamiento positivo, escuché a gente positiva, me asocié con grupos positivos. Por favor, comprendan que estos cambios no fueron siempre fáciles. Tuve que batallar contra la vieja manera de pensar, muchas veces, pero la gracia de Dios fue el factor clave para transformar mi actitud.

Sé que Dios puede ayudar a cualquiera a cambiar su actitud. Él cambió la mía hacia la vida, dándome una positiva, edificante, centrada en los demás, dirigida por Cristo. Creo que los factores principales en la transformación de mi actitud fueron la fe en Dios, el deseo de cambiar, la voluntad para hacer lo que necesitaba para ser diferente (asociarme con diferentes personas, etc.) y una fuerte resolución de ser positivo cada día.

Acostumbraba creer que las circunstancias determinaban mi actitud. Pero ahora sé que la decisión, no las circunstancias, determinan cómo pienso. Cualquiera puede llegar a ser una persona positiva, si quiere serlo. Dios ayudará a todos los que deseen ser diferentes.

El proceso por el que he pasado ha sido emocionante. Todavía estoy en él. Dios es fiel. Él terminará la obra que ha comenzado. No tenemos que permanecer negativos. Podemos ser positivos, si queremos someternos al proceso de cambio.

Ciertamente este hombre ha pasado por grandes cambios. Cada vez que leo su testimonio personal veo mucho crecimiento positivo en su vida. Felizmente es un amigo cercano y he podido ver el éxito de su nueva actitud positiva. Cuando el cambio es exitoso lo llamamos crecimiento.

La mayoría de las personas que tienen actitudes negativas no se dan cuenta que las actitudes no conocen barreras. Las únicas barreras que sujetan a nuestras actitudes son las que colocamos sobre ellas. Las actitudes, como la fe, la esperanza, y el amor, pueden pasar por encima de cualquier obstáculo. Entendiendo esta verdad, permítame animarlo a tomar el control de sus actitudes y comenzar los cambios necesarios.

El piloto de un avión entiende que él es el que establece la actitud del avión. Él determina la dirección de la actitud, el resultado sigue a continuación. Ascender a una mayor altura toma tiempo. El comentarista de radio y televisión Paul Harvey, decía: «Usted puede saber cuándo está en el camino del éxito. Va cuesta arriba todo el tiempo». Tomará tiempo llegar a nuevas alturas. Sea paciente, sabiendo que cualquier cosa que valga la pena está obrando a su favor. Aunque el cambio en sí mismo no es progreso, es el precio que pagamos por el progreso.

Antes que comience el proceso de cambio, aquí está una oración para usted:

Querido Dios:

El cambio nunca es fácil, sin embargo, el crecimiento lo demanda.

Por eso, temerosamente salgo de mi mundo de derrota y cuidadosamente entro en el mundo de los ganadores.

Tomará tiempo, Señor.

Por eso, seré paciente al dejar que Tú y otros me ayuden a ser «perfectos y cabales sin que os falte cosa alguna» (Santiago 1.4).

Necesitaré mucha ayuda.

Por eso, aceptaré a todos los que me envíes desde diferentes lugares en diversos momentos, para solucionar mis necesidades específicas.

Verdaderamente, Padre, todavía estoy intimidado y me falta fuerza.

Por eso te pido que hagas algo por mí ya que no puedo hacerlo por mí mismo.

Y cuando mis actitudes cambien y un "mejor yo" sea una realidad en mí, te daré toda la alabanza. Amén.

12

La decisión está en usted

Dé un gran paso a la vez. Los estrategas militares enseñan a sus ejércitos a combatir en un frente a la vez. Establezca la actitud que usted quiera tener en esta ocasión.

John Maxwell

Somos los amos o las víctimas de nuestras actitudes. Es un asunto de decisión personal. Lo que ahora somos es el resultado de las decisiones tomadas ayer. Mañana seremos lo que decidamos ahora. Cambiar significa decidir cambiar.

En las tierras del norte de Canadá hay solamente dos estaciones, invierno y Julio. Cuando los caminos comienzan a deshelarse, se vuelven lodosos. Los vehículos que van al campo dejan profundos surcos que se congelan cuando vuelve el clima frío. Para los que entran en esta área primitiva durante los meses de invierno, hay un letrero que dice: «Conductor, por favor escoja cuidadosamente por qué surco maneja, porque no podrá salir de él en las próximas veinte millas».

Por favor, siga cuidadosamente el curso de su cartilla para el cambio de su actitud. «Veinte millas» más adelante se alegrará de haberlo hecho. Sólo usted puede determinar dar los pasos indicados en este capítulo. No son solamente los primeros pasos que se deben dar, sino que son los más importantes. Sin dar estos pasos, será imposible dar los demás.

Decisión # 1: Evalúe sus actitudes actuales

Esto tomará algún tiempo. Si es posible, trate de separarse de sus actitudes. La meta de este ejercicio no es ver «lo malo que es usted», sino «la mala actitud» que le impide ser una persona más realizada. La evaluación le ayuda a hacer cambios importantes solamente cuando identifica el problema.

Cuando ve que los troncos se traban, el talador profesional sube a un árbol alto y localiza un tronco clave, hace que lo eliminen y deja que la corriente haga el resto. El novato se pone a destrabar troncos comenzando en la orilla y los saca todos, incluso el tronco clave. Claro, ambos métodos destraban los troncos, pero el profesional lo hace en menos tiempo y mejor.

Los resultados son la única razón para la actividad. Se ha desarrollado el siguiente proceso de evaluación para ayudarle a buscar las respuestas correctas de la manera más eficiente.

Etapas de evaluación

1. IDENTIFIQUE EL PROBLEMA DE LOS SENTIMIENTOS: ¿Qué actitudes le hacen sentir más negativo respecto a sí mismo? Usualmente, los sentimientos se pueden identificar antes que el problema se aclare. Escríbalos.
2. IDENTIFIQUE EL PROBLEMA DE LA CONDUCTA: ¿Qué actitud le causa la mayoría de los problemas al tratar con los demás? Escríbalos.

3. IDENTIFIQUE EL PROBLEMA DEL PENSAMIENTO: Somos el resultado de nuestros pensamientos. «Como el hombre piensa dentro de sí mismo, así es él». ¿Qué clase de pensamientos controlan de continuo su mente? Aunque este es el paso inicial para corregir problemas de actitud, estos no son tan fáciles de identificar como los primeros dos.
4. CLARIFIQUE EL PENSAMIENTO BÍBLICO: ¿Qué le enseñan las Escrituras acerca de usted como persona, y de sus actitudes? Más adelante, en esta sección, presentaré un punto de vista escritural de las actitudes correctas.
5. ASEGURE EL COMPROMISO: «¿Qué debo cambiar?» se convierte en «Debo cambiar». Recuerde, la decisión de cambiar es la única decisión que se debe hacer, y solamente usted puede hacerla.
6. PLANIFIQUE Y LLEVE A CABO SU DECISIÓN: Este es el proceso que la sección IV le ayuda a cumplir.

Sugerencia: Esta evaluación tomará tiempo. Si tiene un amigo o amiga que lo conozca bien, tal vez debe tomar en cuenta su ayuda.

Decisión # 2: Comprenda que la fe es más fuerte que el temor

La única cosa que garantizará el éxito de una dudosa decisión es la fe, desde el comienzo, en que usted puede hacerlo. Jesús dijo: «De cierto os digo, que si tuviereis fe, y no dudareis, no solo haréis esto de la higuera, sino que si a este monte dijereis: Quítate y échate en el mar, será hecho» (Mateo 21.21).

Hay una manera bíblica de tratar el temor de manera que un esfuerzo tenga éxito y no esté limitado por él. La primitiva iglesia de los Hechos estaba experimentando un gran crecimiento. Sin embargo, en Hechos 4, los cristianos se enfrentaron con una tenaz oposición. Les ordenaron dejar de testificar o sufrirían severas consecuencias. Todos se retiraron a orar. Los versículos 29 al 31 registran un proceso que llevaron a cabo para tratar con su temor. Cuando tenga que enfrentarse con actitudes cambiantes, esta fórmula para contrarrestar el temor le será de mucha ayuda.

Fórmula de cuatro pasos para tratar el temor

1. Entienda que Dios ve sus problemas

Y ahora, Señor, mira sus amenazas (v. 29a).

Estos, que habían encontrado dificultades, querían tener la seguridad de que Dios había visto su persecución. Cuando las cosas van bien, no necesitamos la seguridad constante de que Dios está con nosotros. Pero durante la batalla (y usted tendrá batallas), hay una fuerte necesidad de seguridad. Las buenas noticias son que Dios mismo ha dicho: «No te desampararé, ni te dejaré» (Hebreos 13.5).

2. Pida una llenura de confianza y amor, lo cual es más grande que el temor

«Concede a tus siervos que con todo denuedo hablen tu palabra» (v. 29).

Este era un pedido de más cosas positivas para llenar sus corazones y mentes. Se dieron cuenta que una manera efectiva de experimentar menos temor, era tener más valor. No es realista pensar que todas las aprensiones, preguntas e intimidaciones huirán y nunca nos acecharán otra vez. Por lo general todo lo positivo y lo negativo obra en nuestras vidas al mismo tiempo. ¿Cuál es el secreto para vencer? Tener emociones positivas y buscar refuerzos positivos que sean más fuertes que los negativos.

3. Crea que Dios está obrando un milagro en su vida

«Mientras extiendes tu mano para que se hagan sanidades y señales y prodigios mediante el nombre de tu santo Hijo Jesús» (v. 30).

Hubo una oración para que Dios intercediera a su favor con milagros. Se dieron cuenta que lo que tenía que ser hecho requeriría sus esfuerzos más los de Dios. Note que primero pidieron fuerza, y luego que Dios hiciera la diferencia.

Esto puede suceder en su vida. Ponga los cambios que busca en su actitud, pensamiento y conducta, al comienzo de su lista de oración. Pídale a Dios que le ayude a hacer lo posible para producir un cambio efectivo. Luego, pídale hacer por usted, lo que usted no puede hacer por sí mismo.

4. Sea lleno del Espíritu Santo

«Cuando hubieron orado, el lugar en que estaban congregados tembló; y todos fueron llenos del Espíritu Santo, y hablaban con denuedo la Palabra de Dios» (v. 31).

Hay una relación definida entre la llenura del Espíritu Santo y el denuedo. Más adelante, en esta sección, se dará mayor énfasis en la necesidad de una vida llena del Espíritu Santo.

Conozco a muchas personas que usan esta fórmula de cuatro pasos para tratar con el temor en los asuntos diarios de la vida. Esto les guarda y les imparte fuerza.

Pongan en práctica esta fórmula cuando el temor estorbe su progreso.

Usted está preparado para dar un gran paso. No vacile ni tema. No puede cruzar un precipicio dando dos pequeños saltos. El futuro vale el riesgo. Mañana mirará los cambios efectuados atrás, y los llamará mejoras.

Hace años se propuso a un pueblito de Maine como el sitio ideal para construir una gran planta hidroeléctrica. Como se había construido una represa en el río, el pueblo quedaría sumergido. Cuando se anunció el proyecto, se dio a la gente varios meses para arreglar sus asuntos y reubicarse.

Durante el tiempo en que se construía la represa, sucedió algo interesante. Cesaron todas las mejoras. Se suspendió toda pintura. No se repararon edificios, caminos ni aceras. Día a día el pueblo lucía descuidado y sucio. Mucho antes de que las aguas lo cubrieran, el pueblo parecía abandonado aun cuando las personas no se habían ido todavía. Un morador dijo: «Cuando no hay fe en el futuro, no hay poder en el presente». Sobre ese pueblo cayó la desesperanza porque no tenía futuro.

Decisión # 3: Escriba una declaración de propósito

Un día, «Charlie Brown» (el de las tiras cómicas) estaba en el patio trasero de su casa practicando tiro al blanco con su arco y sus flechas. Templaba el arco y lanzaba la flecha a una cerca. Luego, iba donde había caído la flecha y dibujaba un blanco a su alrededor. Varias flechas y arcos más tarde, Lucy le dijo: «No puedes practicar tiro al blanco de esa manera. Primero dibuja el blanco, entonces tira la flecha». La respuesta de «Charlie» fue: «Lo sé, pero si lo haces a mi manera, ¡nunca fallarás!»

Lamentablemente, muchas personas conducen sus vidas como «Charlie» las flechas. Nunca dibujan un blanco, por lo tanto nunca fallan el blanco. Pero nunca dan en uno, tampoco.

Cuando era niño, mi padre decidió construir una cancha de básketbol para mi hermano y yo. Hizo una plataforma de cemento, puso un tablero en el garaje y estaba a punto de poner la canasta, cuando fue llamado de urgencia para una emergencia. Prometió ponerla tan pronto como regresara. *No hay ningún problema*, pensé. *Tengo una flamante pelota de baloncesto y una nueva plataforma de cemento sobre la cual rebotar mi pelota.* Durante unos minutos jugué con mi pelota sobre el cemento. Pronto me aburrí, y lancé la pelota al tablero una vez. Dejé que la pelota rodara fuera de la cancha y no la volví a tomar hasta que papá volvió para poner el aro. ¿Por qué? Porque no hay ninguna gracia en jugar baloncesto sin un aro. Lo bonito es tener algo por qué esforzarse.

Esa es la principal diferencia entre el trabajo y otras actividades agradables. Muchas veces el trabajo se nos hace aburrido porque no hay una meta o propósito definidos. Llegamos a casa agotados, listos para sentarnos y descansar. De pronto recordamos: «¡Esta es mi noche de jugar bolos!» Vamos al armario y sacamos una bola de dieciséis libras, la ponemos en el carro y nos dirigimos a través del tráfico pesado para lanzar esa pesada pelota por la pista ¡por dos horas! Eso no tiene sentido. Estábamos cansados y listos para descansar, y ahora estamos haciendo un ejercicio (no un trabajo) más duro que antes. ¿Por qué? Todo porque hay diez pines al final de la pista... una meta tangible. Derribarlos nos produce nuevas fuerzas. La motivación total del juego de bolos son los diez pines, la meta. Si no cree esto, pida que el ayudante los quite. Compruebe cuántas veces lanzará una bola de dieciséis libras por el pasillo, sin ellos.

Para tener satisfacción al cambiar su actitud, debe establecer una meta claramente definida. Esta meta debe ser tan específica como sea posible, escrita y firmada, con un límite de tiempo fijado a ella. Ese propósito debe colocarse en un lugar visible donde lo vea varias veces al día para motivarse. He aquí un ejemplo de una declaración de propósito:

«Cambiar mi actitud (específicamente, pensamiento negativo, crítica a los demás, resentimiento) siguiendo los procedimientos establecidos en la sección IV de *Actitud de vencedor*. Para alcanzar efectivamente esta meta, revisaré este proceso, y mi progreso será diariamente informado a mi alentador amigo. El (fecha) ___________ espero que otros se den cuenta de mi conducta positiva».

Usted alcanzará esta meta si cada día hace tres cosas:

1. Escriba específicamente lo que desea cumplir cada día

La historia de David y Goliat es una excelente ilustración de fe y de cómo esta nos enfrenta a probabilidades inmensurables con recursos aparentemente inadecuados. Pero me sorprendió una cosa cuando estudié la vida de David. ¿Por qué escogió cinco piedras para su honda al ir al encuentro de Goliat? Estoy seguro de que las Escrituras nunca usan palabras en vano, el número de piedras debía tener algún significado. Mientras más pensaba, más perplejo quedaba. ¿Por qué *cinco* piedras? Había solamente un gigante. Agarrar cinco piedras parecía dudar de la fe. ¿Creía que iba a fallar y que tendría cuatro oportunidades más? Algún tiempo más tarde, cuando leía 2 Samuel, obtuve la respuesta. Goliat tenía cuatro hijos, ¡de manera que había cinco gigantes! En el cálculo de David había una piedra por gigante. Eso es lo que quiero decir con ser específicos en nuestra fe.

¿Cuáles son los gigantes a los que debe vencer para que su actitud sea la que debe ser? ¿Qué recursos necesitará? No se deje vencer por la frustración cuando vea los problemas. Enfréntese con un gigante a la vez. Los estrategas militares enseñan a sus ejércitos a pelear en un frente a la vez. Escriba esto. A medida que gane batallas, escríbalo. Esto le animará. Dedique tiempo a leer sus victorias pasadas.

2. Háblele a su amigo alentador acerca de lo que quiere cumplir cada día

Conozco vendedores con éxito que repiten en voz alta, cincuenta veces en la mañana y cincuenta veces en la noche, esta frase: «Puedo hacerlo». Oír decir continuamente estas afirmaciones positivas, les ayuda a creer en sí mismo y les lleva a actuar de acuerdo a esa creencia. Inicie este proceso cambiando su vocabulario. He aquí algunas sugerencias:

Elimine estas palabras completamente	**Haga de estas palabras parte de su vocabulario**
1. No puedo	1. Puedo
2. Si...	2. Lo haré
3. Dudo	3. Espero lo mejor
4. No creo	4. Sé
5. No tengo tiempo	5. Sacaré tiempo
6. Tal vez	6. Positivamente
7. Tengo miedo de	7. Confío en que
8. No creo	8. Creo
9. Yo	9. Usted
10. Es imposible	10. Dios puede

3. Actúe en cuanto a lo que ha escrito y léalo en voz alta cada día

Jesús nos enseña que la diferencia entre un sabio y un necio está en su respuesta a lo que ya sabe. El hombre sabio hace lo que oye mientras que el necio sabe pero no hace nada (Mateo 7.24-27).

Santiago 1.22-25, dice:

> Pero sed hacedores de la palabra, y no tan solamente oidores, engañándoos a vosotros mismos. Porque si alguno es oidor de la palabra pero no hacedor de ella, éste es semejante al hombre que considera en un espejo su rostro natural. Porque él se considera a sí mismo, y se va, y luego olvida cómo era. Mas el que mira atentamente en la perfecta ley, la de la libertad, y persevera en ella, no siendo oidor olvidadizo, sino hacedor de la obra, éste será bienaventurado en lo que hace.

Acción sugerida: Por treinta días, trate a todas las personas que conozca como si fueran las más importantes del mundo. Descubrirá que comienzan a tratarlo de la misma manera. ¿Cómo lo mira el mundo a usted? Exactamente como usted lo mira a él. Haga algo positivo para alguien, siempre. El que aliviana la carga de alguien no es inútil en la vida.

Decisión # 4: Sienta el deseo de cambiar

Ninguna decisión determinará más el éxito de su actitud que el deseo de cambiar. Cuando todo lo demás falla, sólo el deseo puede mantenerle en su sitio. Muchas personas han pasado por encima de grandes obstáculos, para ser mejores al darse cuenta que el cambio es posible si realmente lo quieren. Permítanme ilustrar.

Mientras saltaba, un sapo cayó en un hoyo en el carretero. Todos sus intentos por salir fueron en vano.

Llegó un conejo y viendo al sapo atrapado en el hoyo, se ofreció para ayudarlo a salir. Pero no pudo. Después que algunos animales del bosque hicieron tres o cuatro intentos para ayudarlo a salir, se dieron por vencidos. «Regresaremos y te traeremos algo de comida», dijeron, «parece que vas a estar aquí un buen rato». Sin embargo, poco después que se fueron a buscar comida, oyeron al sapo saltando atrás de ellos. ¡No podían creerlo! «¡Pensamos que no podrías salir!», exclamaron. «Oh, no podía», replicó el sapo. «Pero apareció un gran camión que venía derecho hacia mí, y tuve que hacerlo».

Ahí es cuando «tenemos que salir de los hoyos de la vida» que cambiamos. Mientras tengamos opciones aceptables no cambiaremos. La persona con demasiadas opciones me recuerda una historia que me contaron dos amigos.

Ellos tienen dos sobrinas que son hermanas. Una tiene once años y es una excelente nadadora. Pasa mucho tiempo practicando para los concursos de natación. La menor tiene cinco y también nada, pero no demuestra ningún interés ni se esfuerza por practicar y ganar en los concursos de natación.

Para Navidad, la hermana mayor ganó una carrera de 220 metros. Su padre leyó en el periódico esta noticia y preguntó a la menor: «Shelley, ¿no te gustaría practicar mucho y ver tu nombre en el periódico?» «Papá», dijo ella, «prefiero estar sentada aquí y comer galletas y beber leche el resto de mi vida».

Lamentablemente, ese es el lugar donde muchas personas pasan su vida. Mientras beben leche y comen galletas, otros se esfuerzan y ganan medallas. De vez en cuando, los comedores de galletas de la vida se detienen un momento para preguntarse por qué no ganan medallas. Una sombra de culpa parece que se cierne sobre ellos por un momento, pero luego deciden volver a «comer galletas». Carecen de deseo.

La mayoría de las personas se siente más cómoda con los viejos problemas que con las nuevas soluciones. Responden a las necesidades de cambio en la vida como el Duque de Cambridge, que dijo: «Cualquier cambio, en cualquier tiempo, por cualquier razón, es deplorable». Las personas que creen que no se debe hacer nada por primera vez, nunca ven nada hecho.

La Ley de Cotford afirma: «Nunca se hace nada hasta que todos se convencen de que debe hacerse y han estado convencidos por mucho tiempo de que ahora es el momento para hacerlo».

Pero hay esperanza. Parece que hay tres ocasiones en nuestra vida en que somos más receptivos al cambio. Primero, cuando estamos tan heridos que nos vemos obligados a cambiar. Jesús habla de esta clase de individuo en Lucas 15. La parábola del hijo pródigo nos dice que cuando miramos desde el fondo de una pocilga, es posible «volver en nosotros mismos» y pedir ayuda regresando a la casa del padre.

El pródigo actuó de manera parecida a la mujer con una enfermedad incurable que vino a Jesús, solamente después de que había gastado todo lo que tenía en médicos y había llegado a la desesperación (Lucas 8.43).

Por más de un año presenté estudios bíblicos sobre los milagros. Al final de esta serie escribí algunas verdades básicas sobre el tema. Mi más grande descubrimiento fue que cada milagro, en la Biblia, comenzaba con un problema. Solamente cuando alguien está lastimado recibe alivio. Sólo cuando una persona se hace preguntas, recibe respuestas. Claro que esta verdad tiene malas y buenas noticias. Las malas son que casi siempre nuestra herida tiene que ser lo suficientemente grande para que produzca un deseo de cambio. Solamente ganamos después del dolor. Las buenas noticias son que si está desesperado y necesita cambiar, usted es candidato para un milagro.

Segundo, la receptividad para el cambio es notoria cuando estamos cansados y aburridos. Todos experimentamos esto en ciertos momentos de la vida. Tal vez la esposa siente esto cuando los hijos están en la escuela y encuentra tiempo extra para hacer otras cosas. Los esposos se estancan en sus empleos y comienzan a perder interés en su trabajo. Una santa insatisfacción puede ser saludable cuando produce cambios positivos.

Es triste para cualquiera llegar a estar tan insatisfecho con su vida, sus pensamientos y sus asuntos que ya no siente ningún desafío para hacer cosas grandes.

Tercero, el cambio va a ocurrir cuando nos demos cuenta que *podemos* cambiar. Esta es la más grande motivación de todas. Nada aviva tanto el fuego del deseo como la repentina comprensión de que no se tiene que ser el mismo. Ya no necesita sentir el peso de las actitudes negativas. No tiene ninguna razón válida para sentir constantemente amargura ni resentimiento con la vida, con los demás o con usted mismo. ¡Usted puede cambiar!

Porque creo firmemente que las personas cambiarán una vez que entiendan que esto es posible, siempre les digo una frase. Cuando el aturdimiento, la duda, la frustración, y otros bloqueos mentales, les estorban, les digo: «Sí, tú puedes». He visto cientos de rostros iluminarse con esas tres simples palabras, más una sonrisa de aliento.

Nos detuvimos con mi esposa en un restaurante de comida rápida para comprar algunas bebidas. Cuando pedí un refresco de dieta para Margaret, la joven dijo que no tenía bebidas de dieta. Entonces le pedí un poco de hielo, pensando que podía comprar una lata de soda en el supermercado. Mi pedido nubló el rostro de la muchacha mientras decía: «Señor, no creo que podamos hacer eso aquí». «Sí, usted puede», repliqué rápida y confiadamente. Ella fue y me trajo mi vaso con hielo. Todo lo que necesitaba era alguien que la ayudara a creer que podía hacer lo que le habían pedido.

Mi vida está dedicada a ayudar a otros a alcanzar su potencial. Le sugiero que siga el consejo de Mark Twain que dijo: «Saque su mente de todo ahora y baile sobre eso. Todo va a estar listo».

Era su manera de decir: «Salgan de ese surco». Demasiadas veces nos aferramos a una manera de pensar y aceptamos limitaciones que no necesitan ser colocadas sobre nosotros.

La vida es un proceso cambiante. Con todas sus transiciones vienen nuevas oportunidades de crecimiento. Lo que era un factor limitante ayer, no tiene que ser ahora. Acepte la siguiente declaración para su vida: «Los días por venir están llenos de cambios que son mis desafíos. Responderé a estas oportunidades en la confianza de que mi vida será mejor debido a ellas. Con Dios, todas las cosas son posibles».

El deseo aumenta con el amor. Enamórese del reto que significa el cambio y mire cómo el deseo de cambiar crece. Todos conocemos un deseo que solamente puede expresarse con las siguientes palabras: «El amor me hizo hacerlo».

Aleida Hussein de 78 años, de Rotterdam, Netherlands, había fumado por cincuenta años. Por cincuenta años trató de dejar el hábito pero no pudo. Entonces Leo Jensen, de 79 años le propuso matrimonio, pero rehusó ir al altar hasta que Aleida dejara de fumar. Aleida dice: «Ningún poder pudo quitarme el hábito. El amor lo hizo».

Tenga cuidado en qué pone su corazón. Luther Burbank se enamoró de las plantas. Edison se enamoró de las invenciones. Ford se enamoró de los motores de automóvil. Kettering se enamoró de las investigaciones. Los hermanos Wright se enamoraron de los aviones.

Tenga cuidado en saber en qué pone su corazón, porque con seguridad eso hará.

«Deléitate asimismo en Jehová, y Él te concederá las peticiones de tu corazón» (Salmos 37.4).

Decisión # 5: Viva de día en día

Cualquier hombre puede pelear por un día. Es solamente cuando usted y yo añadimos las cargas de esas dos eternidades, ayer y mañana, que temblamos. No son las experiencias de ahora las que arrastran a los hombres; es el remordimiento o la amargura por algo que pasó ayer y el temor de que mañana pueda suceder. Vivamos, pero solamente un día a la vez, ¡ahora!

David, en su oración por perdón (Salmos 51), pidió a Dios: «Esconde tu rostro de mis pecados». Entendió que el bienestar de hoy está determinado por la sanidad y el olvido del ayer. «Mi pecado está siempre delante de mí», describe una condición en la vida de David que hubiera estorbado el cambio que él quería realizar. Por eso usó palabras que insistentemente pedían a Dios sanar su mente y su corazón. «Borra mis rebeliones[...] lávame más y más de mi maldad[...] límpiame de mi pecado[...] purifícame[...] lávame[...] hazme oír gozo y alegría[...] borra todas mis iniquidades[...] crea en mí un corazón limpio[...] renueva un espíritu recto dentro de mí[...] devuélveme el gozo de tu salvación[...] líbrame».

Al igual que David, usted debe orar así y permitir que Dios le perdone y sane su pasado. Sólo Dios puede sanar lo que pasó ayer y ayudarle a vivir en forma efectiva ahora. Lo que no ha superado en su pasado permanece como plaga en su presente.

Encontré a un viejo amigo en una conferencia. Mientras hablaba noté un nuevo gozo en su cara. Durante uno de los recesos vino y me abrazó. «John» dijo, «recientemente, durante una reunión de oración, Dios curó todas las cicatrices de mi pasado». Este hombre había pasado por experiencias negativas muy graves y sentía una nueva libertad y poder para vivir el presente. Después que tenga la seguridad del perdón de Dios, es importante que se concentre en edificar un nuevo «usted».

Decisión # 6: Cambie su patrón de pensamiento

Lo que mantiene nuestra atención determina nuestras acciones. Estamos donde estamos y somos lo que somos, por los pensamientos dominantes que ocupan nuestras mentes. William James dijo: «El más grande descubrimiento de mi generación es que las personas pueden alterar sus vidas alterando sus actitudes mentales». Romanos 12.1, 2 dice:

> Así que, hermanos, os ruego por las misericordias de Dios, que presentéis vuestros cuerpos en sacrificio vivo, santo, agradable a Dios, que es vuestro culto racional. No os conforméis a este siglo, sino tranformaos por medio de la renovación de vuestro entendimiento, para que comprobéis cual sea la buena voluntad de Dios, agradable y perfecta.

Hay dos cosas que destacan el poder de nuestro pensamiento. Premisa mayor: Podemos controlar nuestros pensamientos. Premisa menor: Nuestros sentimientos vienen de nuestros pensamientos. ¿Conclusión? Podemos controlar nuestros sentimientos aprendiendo a cambiar una cosa: la manera de pensar. Es así de simple. Nuestros sentimientos vienen de nuestros pensamientos. Por lo tanto podemos cambiarlos, cambiando nuestro patrón de pensamiento.

Nuestro pensamiento, no nuestras circunstancias, determinan nuestra felicidad. Conozco a personas que han dicho que serían felices cuando alcanzaran cierta meta. Cuando llegan a la meta, no siempre encuentran la realización que anticipaban.

A menudo vemos este fenómeno entre las madres. Al comienzo, dicen: «Cuando Juanito salga de la escuela primaria, me sentiré feliz». Y así se sienten, por un rato. Luego, se les oye decir: «Cuando Juanito se gradúe de la escuela secundaria me sentiré feliz». Y así se sienten, al menos por el verano. La graduación de Juanito de la universidad, produce el mismo resultado, y pasa igual con el matrimonio de Juanito. Igual sucede con el nacimiento del primer hijo de Juanito, cuando mamá se convierte en una abuela extasiada y ese sentimiento continúa hasta que se convierte en una niñera.

Pero si mamá no ha aprendido cómo ser feliz entre sus bendiciones especiales, no tendrá una vida gozosa firme.

¿Cuál es el secreto para permanecer manteniendo la estabilidad? Llene su mente de «todo lo que es verdadero, todo lo honesto, todo lo justo, todo lo puro, todo lo amable, todo lo que es de buen nombre; si hay virtud alguna, si algo digno de alabanza» (Filipenses 4.8). Pablo entendió. Lo que mantiene nuestra atención determina nuestra acción.

Decisión # 7: Desarrolle buenos hábitos

Las actitudes no son nada más que hábitos de pensamiento. El ciclo dibujado a continuación le ayudará a formar hábitos adecuados.

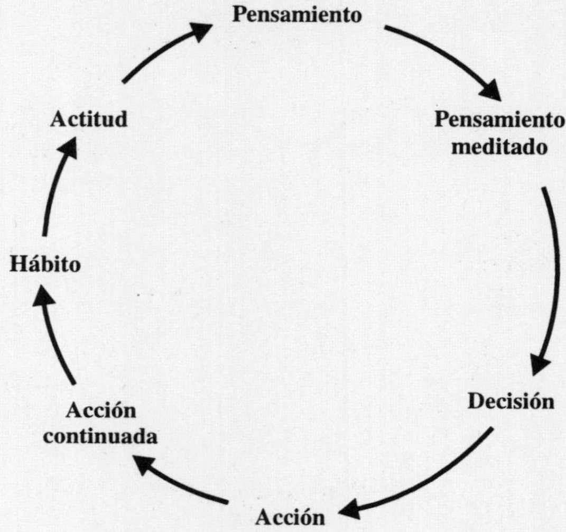

Este ciclo puede ser positivo o negativo. El proceso para desarrollar hábitos, buenos o malos, es el mismo. Es tan fácil formar un hábito de triunfo, como lo es sucumbir al hábito de fracaso. Observe los dos ciclos siguientes y vea la diferencia.

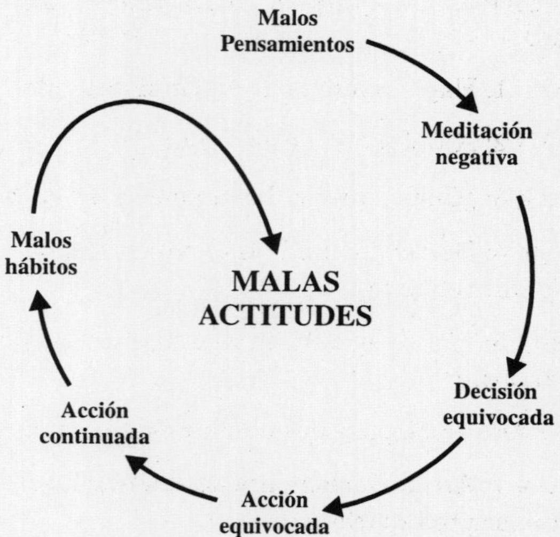

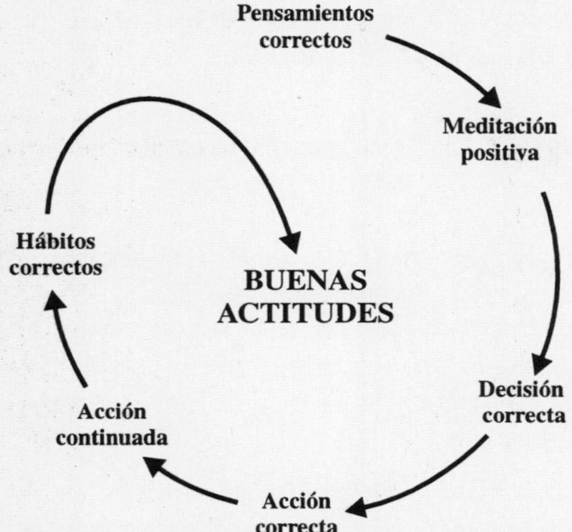

Los hábitos no son instintos; son acciones o reacciones adquiridas. No suceden simplemente; son causados. Una vez que se determina la causa original de un hábito, está en su poder aceptarlo o rechazarlo. La mayoría de las personas dejan que sus hábitos les controlen. Cuando esos hábitos son perjudiciales, dañan nuestras actitudes. La siguiente fórmula le ayudará a cambiar los malos hábitos en buenos:

PASO # 1: Haga una lista de sus malos hábitos.

PASO # 2: ¿Cuál fue la causa original?

PASO # 3: ¿Cuáles fueron las causas que ayudaron?

PASO # 4: Determine un hábito positivo para reemplazar el malo.

PASO # 5: Piense en el buen hábito, sus beneficios y resultados.

PASO # 6: Actúe para desarrollar este hábito.

PASO # 7: Actúe diariamente de acuerdo a este hábito para reforzarlo.

PASO # 8: Siéntase recompensado al notar uno de los beneficios de su buen hábito.

Decisión # 8: Decida continuamente tener una actitud correcta

Una vez que toma la decisión de poseer una buena actitud, comienza en realidad el trabajo. Viene una vida de un continuo decidir crecer y mantener el resultado esperado. Las actitudes tienen la tendencia a revertirse a sus patrones originales si no son guardadas y cultivadas cuidadosamente.

«Lo más difícil al ordeñar vacas», observaba un granjero, «es que nunca permanecen ordeñadas». Las actitudes no siempre permanecen cambiadas. Hay tres etapas de cambio en las que usted debe deliberadamente decidir la actitud correcta:

La etapa inicial: Los primeros días son siempre los más difíciles. Los viejos hábitos son difíciles de romper. El proceso mental debe estar en guardia continuamente para producir la acción correcta.

La etapa media: El momento en que los buenos hábitos echan raíz, las opciones abiertas traen nuevos desafíos. Los buenos hábitos formarán lo que será bueno o malo. Las buenas noticias son: «Lo bueno produce lo bueno». Mientras más decisiones y hábitos correctos desarrolle, más buenos hábitos se formarán.

Etapa final: La complacencia puede convertirse en enemiga. Todos conocemos personas (quizás nosotros mismos) que tuvieron éxito en bajar de peso, solamente para caer en el viejo hábito de comer y subir de peso otra vez.

Nuestra decisión para escoger continuamente la actitud correcta, traerá muchos beneficios. Un amigo con quien trabajé durante cinco años en el cambio de actitud, dijo en una conferencia de líderes: «Si me hubieran conocido hace cinco años no me reconocerían ahora. Mi familia, ministerio y autoimagen, han mejorado grandemente. A diario trabajo con mis actitudes. No soy lo que quiero ser, pero tampoco soy lo que era. Quiero crecer en los próximos cinco años como lo hice en los pasados cinco. Para hacer esto debo continuamente decidir la actitud correcta».

No hay mejoramiento sino a través del cambio. Para mejorar continuamente debemos cambiar continuamente.

Usted es la clave para cambiar su actitud. Cuando se enfrentan con la necesidad de mejoramiento, muchas personas son como el hombre que entró a la oficina del siquiatra. Se había puesto medio melón como sombrero. Alrededor de cada oreja se había puesto un pedazo de tocino. El siquiatra se frotó las manos con gozo: «Ahora sí tengo algo grande», pensó para sí. Entonces el hombre con el melón en su cabeza y pedazos de tocino en cada oreja se sentó. «He venido», le dijo al siquiatra, «para hablarle acerca de mi hermano».

Nadie sino usted puede determinar lo que pensará y cómo actuará. ¡Qué bien! Ahora, tome control y comience el excitante viaje de mejoramiento de su actitud.

¡ES PARA USTED!

Si cree ser ganador, de seguro ganará,
si da un paso adelante, de seguro triunfará.
Si cree en su corazón que un propósito le espera,
podrá entonces comenzar.
Anhele ayudar al prójimo en toda necesidad.

Que pensamientos de fe reemplacen todas las dudas.
Que las palabras de aliento no le permitan fallar.

Si andando tropieza y cae, levántese con altura,
pues sólo usted determina todo el curso a navegar.

En la vida y en la muerte ¿no lo ve?
Es el hombre que no tiene que temer,
el que llega hasta las puertas y allí espera
un momento,
cuando siente la presencia del Señor oh, tan cerca.

A usted se le ha dado el poder para ver
lo que cuesta ser un hombre de verdad.
Si su pensamiento es puro, se sentirá usted seguro.
Y si usted así lo quiere, usted sabrá que sí puede.

-Autor desconocido

13

Las oportunidades a su alrededor

Hay dos claves que determinan quiénes somos: quiénes concebimos ser y con quiénes nos asociamos.
—Anónimo

Una vez que usted ha tomado la decisión de cambiar de actitud, está listo para permitir que las oportunidades que le rodean, hagan de su decisión un éxito.

Oportunidad # 1: Cuente con la cooperación de un amigo

«¿Cómo podría perseguir uno a mil, y dos hacer huir a diez mil, si su Roca no los hubiese vendido, y Jehová no los hubiera entregado?» (Deuteronomio 32.30).

¡Nos necesitamos el uno al otro! Pocas personas tienen éxito a menos que muchas personas quieran que lo tengan. El cambio tiende a intimidarnos. Añada a esa intimidación el darse cuenta que hay un largo camino que recorrer antes que se establezcan las actitudes correctas, y nos sintamos como las dos vacas que pastando en un potrero vieron pasar un camión de leche. Al costado del camión había una leyenda que decía: «Pasteurizada, homogeneizada, estandarizada, vitamina A añadida». Una de las vacas suspiró y le dijo a la otra: «¿No te sientes como incompetente?»

Para ayudarle a superar este sentimiento de incompetencia, necesita la ayuda de un amigo. Busque a alguien que tenga el espíritu de Tanzing, el guía nativo de Edmund Hillary que realizó la histórica escalada al Monte Everest.

Cuando descendían Hillary dio un traspié. Tanzing mantuvo la cuerda en tensión e impidió que ambos cayeran al clavar sus picos en el hielo. Más tarde, Tanzing rechazó cualquier crédito por salvar la vida de Hillary; consideró esto como una parte rutinaria de su trabajo. Como lo dijo: «Los alpinistas siempre se ayudan los unos a los otros».

Tanzing observó que nunca podemos hacer nada por otros que no tenga algún beneficio eventual para nosotros. Hay una ley de la vida que con el tiempo devolverá el bien por el bien. Por eso, el recabar la ayuda de alguien no solamente será beneficioso para usted, sino que también dará a un amigo una bendición a cambio.

Estas son las condiciones que se necesitan para un esfuerzo cooperativo exitoso:

1. Un amigo al que pueda ver o hablar diariamente.
2. Alguien que le ame y le anime.
3. Alguien con quien tenga sinceridad y transparencia mutuas.
4. Una persona que tenga éxito en superar problemas.

5. Alguien que tenga una fe fuerte en Dios y crea en los milagros.

En el libro de los Hechos vemos la emoción de la iglesia primitiva. En medio de todo el gozo y crecimiento vemos una situación muy significativa, Juan y Pedro juntos en ministerio y compañerismo. ¿Cuál era la razón? Juan animaba a Pedro. Pocas semanas antes, Pedro había negado a su Señor y no se sentía bien. En efecto, quería volver a la pesca. Juan, el discípulo amoroso, decidió ayudar a Pedro para que cumpliera su ministerio. Hechos 3 registra la curación milagrosa del cojo, pero hubo otra curación que tuvo lugar en la vida de Pedro, una curación interior, cuando Juan entraba con él en el templo. ¿Podría ser que la grandeza de Pedro fuera, al menos parcialmente, resultado del apoyo de Juan? Vaya y busque un amigo como Juan.

Oportunidad # 2: Asóciese con las personas correctas

Una mañana entré a mi oficina y vi la siguiente nota sobre mi escritorio: «Buenos días, pastor Maxwell. Hay dos claves para determinar quiénes somos: (1) quiénes percibimos ser, y (2) con quiénes nos asociamos».

¡Qué gran verdad! Sin embargo, como reflejo en esa nota, concluyo que una gran porción de nuestra autoimagen (quiénes concebimos ser) es determinada por nuestras amistades. Las actitudes de apoyo se basan muchas veces en cuán importante es la actitud para completar o dañar la imagen que sentimos que las otras personas tienen de nosotros.

Los pájaros de la misma especie vuelan juntos en bandadas. De los amigos adquirimos muchos de nuestros pensamientos, peculiaridades y características. Cambiar una actitud de negativa a positiva, requiere muchas veces cambiar de amistades. No es una casualidad que los muchachos con buenas notas se reúnan con otros con buenas notas. Al aconsejar a personas con problemas matrimoniales, he observado que casi siempre los amigos de la pareja tienen problemas matrimoniales también.

A veces las personas culpan a las circunstancias por sus problemas. Pero casi siempre es la gente con la que nos rodeamos, no las circunstancias que encontramos, las que marcan una diferencia en nuestras vidas.

Las buenas circunstancias con malos amigos, resultan en derrota. Las malas circunstancias con buenos amigos, resultan en victoria.

Hace algún tiempo escuchaba al comentarista Paul Harvey por la radio. Abrió el programa con la verdadera historia de una pareja que había solicitado adoptar una niña. La pareja fue rechazada por la agencia, no por deudas o conflictos personales, sino porque, según la agencia, su «actitud no era muy buena». Argumentaron que la niña no tendría una visión realista del mundo actual, una visión tanto del lado bueno como del lado malo de la vida.

¿Puede creer eso? Espero que se asocie con amigos que sean positivos y que le impidan tener una visión «realista» del mundo actual. Aunque es irrealista rodearse solamente de gente positiva, es posible rodearse de amigos que tengan una apreciación correcta de la vida.

Oportunidad # 3: Seleccione un modelo a seguir

Los comunicadores dicen que el 90% de lo que aprendemos es visual, el 9% es auditivo, y el 1% viene por otros sentidos. Nuestra dependencia de los ojos para aprender, sin duda, es al menos parcialmente resultado de la televisión en nuestra cultura. Los mensajes visuales duran más que los que sólo oímos. Usted puede seleccionar a alguien para seguir que le dé una constante visualización de lo que quiere llegar a ser. Hacer una sola decisión para cambiar una actitud no es suficiente. La visión de lo que desea debe estar constantemente delante de usted. Para lograr la clase de vida que quiere, debe actuar, caminar, hablar y conducirse como la persona ideal que visualiza en sí mismo. Gradualmente, el viejo yo desaparecerá y será reemplazado con el nuevo.

El apóstol Pablo enseñó y practicó la importancia de dar ejemplo. En casi todas las cartas a las iglesias, animó a la gente a seguir su ejemplo. A la iglesia de Filipos, les dijo: «Lo que aprendisteis y recibisteis y oísteis y visteis en mí, esto haced; y el Dios de paz estará con vosotros» (Filipenses 4.9). Recordó a Timoteo, cuando le animaba a ser un vencedor: «Pero tú has seguido mi doctrina, conducta, propósito, fe, longanimidad, amor, paciencia, persecuciones, padecimientos» (2 Timoteo 3.10, 11). Pedro ordena a los líderes espirituales: «Sed ejemplos de la grey» (1 Pedro 5.3). El más grande de los principios motivacionales es: La gente hace lo que ve. Como adultos estamos todavía jugando a seguir al líder. Nada le inspirará más efectivamente a cambiar que tener un hermoso ejemplo que seguir.

Mis actitudes han sido un resultado directo de un ejemplo adecuado por parte de mis padres. Casi siempre, cuando hablo en conferencias y trato de ayudar a la gente con sus actitudes, doy varias ilustraciones de mi vida familiar. Una pareja que me escuchó quiso desesperadamente cambiar y cambiar a sus hijos. Decidieron invitar a mamá y papá a su casa para pasar un fin de semana. El tiempo que pasaron juntos fue de mucha ayuda. Un día, cuando ya mi madre se había ido, los anfitriones entraron en el cuarto de huéspedes y oraron y ella le pidió a Dios que le diera la sabiduría y las virtudes de mi madre así como el manto de Elías había caído sobre el profeta Eliseo.

En 1981 visité la Iglesia Metodista Pentecostal de Santiago de Chile. La congregación pasaba de los 85.000 miembros. Mi corazón se conmovió al ver la obra maravillosa que Dios estaba haciendo en esa congregación. En un mes más sería el pastor principal de la Skyline Wesleyan Church de San Diego, California. Mi deseo era edificar una iglesia grande para el Señor. Al comprender que el pastor Vásquez había sido grandemente bendecido por Dios, le pedí que impusiera sus manos sobre mí y orara para que Dios ungiera mi ministerio. Recuerdo ese acontecimiento y me regocijo que tuve un modelo para seguir, aunque sea por pocos días.

Comience a buscar a alguien para reforzar su vida. Si le parece que no hay nadie a la mano pídale a Dios que le envíe un cristiano con una actitud de vencedor. Pida que esa persona le discipule por unos pocos meses. Disfrute la experiencia de crecer con el ejemplo.

Oportunidad # 4: Aprenda de sus equivocaciones

Esta es la oración de Pacesetters: «Señor, dame el valor para fallar; porque si he fallado, por lo menos he intentado. Amén».

El primer instante en que una idea es concebida es un momento de decisión. Cuando una oportunidad para crecer se abre ante usted, ¿qué es lo que se dice a sí mismo? ¿Atrapará el desafío con emoción y dirá: «¡Puedo ponerlo en práctica!» o reaccionará diciendo: «Eso no es práctico... es muy difícil... no creo que se pueda hacer?» En ese momento usted decide entre el éxito y el fracaso. Usted contribuye a formar un hábito de pensamiento positivo o negativo por lo que se dice a sí mismo. Así que dé a su «mejor» yo una oportunidad de crecer. Forme el hábito de tener una reacción positiva, seguido de una acción positiva. No podemos conseguir que el viento sople como queremos, pero podemos ajustar nuestras velas para que nos lleve a donde queremos ir.

Usted no puede controlar todas las circunstancias. No siempre puede tomar decisiones correctas que produzcan resultados correctos. Pero siempre puede aprender de sus equivocaciones. La siguiente fórmula le ayudará para hacer de sus equivocaciones:

Una fórmula para superar el fracaso

1. Reconozca

¿Cuál es el fracaso? ¿Es permanente? ¿Hay una segunda oportunidad? Complete esta oración señalando la frase correcta:

Una persona es un fracaso cuando:

(a) comete una equivocación;

(b) renuncia;

(c) alguien piensa que lo es.

2. Revise

El fracaso debe ser nuestro maestro, no nuestro sepulturero. El fracaso es demora, no derrota. Es un desvío temporal, no una calle sin salida. Un triunfador es lo suficientemente grande como para reconocer sus equivocaciones, lo suficientemente inteligente como para sacar provecho de ellas y lo suficientemente fuerte para corregirlas. La única diferencia entre el hombre con éxito y el hombre sin éxito, es que este se ha equivocado tres veces entre cinco.

3. Reprima

Tal vez sus propios problemas personales sean los causantes del fracaso. Si es así comience inmediatamente a preocuparse de la autodisciplina. Si usted es el problema, póngase bajo control. Lord Nelson, el famoso héroe naval de Inglaterra sufrió de mareo toda su vida. Sin embargo, el hombre que destruyó la flota de Napoleón no dejó que la enfermedad interfiriera con su carrera. No sólo aprendió a vivir con su debilidad, sino que la conquistó. Muchos de nosotros tenemos nuestros mareos también, y tenemos que vivir con ellos. Para unos pueden ser físicos, para otros sicológicos. Generalmente es una guerra privada que se libra dentro de nosotros. Nadie nos concederá una medalla por ganarla, pero nada puede quitarnos la satisfacción de saber que no nos rendimos.

4. Reajuste

Un eminente cirujano plástico cuenta de un muchacho que perdió su mano a la altura de la muñeca. Cuando le preguntó sobre su impedimento, el muchacho dijo: «No tengo ningún impedimento. Únicamente no tengo la mano derecha». El cirujano continuó conversando y supo que este muchacho era uno de los mejores anotadores del equipo de fútbol de su escuela. No es lo que usted ha perdido, sino lo que usted ha dejado, lo que cuenta.

5. Entre de nuevo

Las equivocaciones señalan el camino al éxito. El que no se equivoca no progresa. Asegúrese de que genera un número razonable de equivocaciones. Esto viene naturalmente, pero algunos tienen tanto miedo del error que hacen sus vidas rígidas con revisiones y contrarevisiones, cambios desalentadores y, al final, están tan apegados a las estructuras que perderán la satisfacción de batear la oportunidad que puede lanzar su vida como un cohete. Por lo tanto, dé un vistazo a su actuación y si llega al final de un año y ve que no ha cometido muchas equivocaciones, pregúntese si ha probado todo lo que debía.

Esta es una manera de decir que aprendemos por nuestras equivocaciones, de manera que le diré algo más. Le diré que no puede aprender sin cometer errores. Una razón por la que algunas personas crecen a través de los cambios, es porque no pueden soportar el fracaso. Aun las mejores personas tienen muchos más fracasos que éxitos. El secreto está en que no dejan que el fracaso les trastorne. Hacen lo mejor que pueden. Dejan que las astillas caigan y luego continúan con el siguiente intento.

En una liga mayor, cualquiera que logre tres o más «hits» en diez carreras a la base, es una superestrella. Es asunto de porcentajes. Y en la vida es igual, cuando le canten los tres un «strike», olvídelo. Si comete algunas equivocaciones, aprenda de ellas y hágalo mejor la próxima vez. Los tres «strike» son parte del juego, no es nada para avergonzarse. ¡Siga jugando!

Oportunidad # 5: Sea receptivo a las experiencias exitosas

Vencer una situación negativa requiere cinco experiencias negativas. Cuando enfrentamos la posibilidad del fracaso, tenemos la tendencia de sentarnos y desesperarnos. El temor es la advertencia natural de que debemos mantenernos ocupados. Lo vencemos al actuar con éxito.

Oí a un orador decir: «Vencemos por la acción». Eso es sólo parcialmente cierto. Las experiencias que son continuamente fallidas, pueden aumentar nuestro deseo de sentarnos fuera del juego en la arena de la vida. La acción que produce confianza y un grado de éxito, nos animará a intentar nuevas acciones.

Aprendí esto cuando jugaba básketbol en la escuela secundaria. Un año, nuestro entrenador tuvo una «brillante» idea que podía ayudarnos a hacer nuestros tiros más eficaces. Reemplazó el aro regular de básketbol con uno más pequeño. Pensó que si podíamos acertar en el más pequeño, no tendríamos problema jugando con el más grande. Miré a mis compañeros de equipo errando los tiros en el más pequeño constantemente. Estaban frustrados. Como era capitán del equipo y el ochenta por ciento de los tiros fueron errados, decidí hablar con mi entrenador con mucha cautela. Mi teoría era opuesta a la suya. Creía que el errar continuamente los tiros al aro más pequeño, crearía una imagen de fracaso que daría como resultado tiros errados en el partido. ¡Exactamente eso fue lo que sucedió! Cuando recuerdo ese incidente me pregunto ¿qué hubiera sucedido si el entrenador hubiera colocado aros más grandes sobre el tablero, durante el entrenamiento?

Nada nos intimida tanto más que la constante exposición al fracaso. Nada nos motiva más que la constante exposición al éxito. Por eso, he descubierto que las personas cambian más rápido si tienen continuamente situaciones en las que pueden tener éxito. Creyendo esto, me propuse enseñar a mi hija Elizabeth cómo golpear una bola con el bate. No quería que dejara de balancear el bate sólo porque hubiera errado, ya que eso le habría dado un sentimiento de fracaso, así que le di las siguientes instrucciones: «Elizabeth, tu responsabilidad es hacer oscilar el bate, es asunto mío golpearlo con la bola cuando la arroje».

Elizabeth, sin temor, comenzó a mover el bate. ¡No tenía nada que perder! Cada vez que oscilaba el bate tenía éxito. Continué errando el bate con la bola cuando la lanzaba. Finalmente, después de muchas «batidas» y de muchos errores, Elizabeth arrojó el bate, me miró con disgusto y dijo: «Papi, ¡sigues sin dar en el bate!»

Póngase en contacto con personas de éxito y con experiencias exitosas. Lea libros que le hagan una mejor persona. Encuentre algo que pueda hacerlo bien, y hágalo muchas veces. Ayude a alguien que necesite sus dones espirituales, a ser una mejor persona. Alimente sus actitudes correctas, y antes de que lo sepa, las malas morirán de hambre. Escriba sus éxitos y repáselos cada vez que le sea posible. Cuente de su crecimiento a los que se interesen en usted y que tienen excelentes actitudes. Felicítese a diario y agradezca a los demás por hacer posible su cambio de actitud.

14

El Dios sobre usted

Si estamos seguros en Cristo, podemos correr cualquier riesgo en la vida. Los que se sienten inseguros nunca se arriesgan al fracaso. En cambio los que se sienten seguros son sinceros y lo reconocen cuando sucede. Buscan ayuda y lo intentan de nuevo. Ellos pueden cambiar.

John Maxwell

«Un extranjero muy distinguido fue de gran ayuda para los colonos americanos durante la Guerra Revolucionaria», dijo el profesor de historia. «¿Puedes darme su nombre, Tommy?»

«Dios», respondió Tommy.

E. Stanley Jones causó gran impresión cuando dijo: «Sólo Dios puede derribarlo a uno». Y continuó explicando: «Nadie, sino Dios tiene raíces en la eternidad. Esta es inamovible ante el fracaso». Para cada apuro del hombre, hay una gracia especial de Dios. En otras palabras: Para cada necesidad particular hay un recurso sobrenatural.

Para cada problema determinado hay una respuesta definida. Para cada herida hay una cura. Para cada debilidad hay una fuerza. Para cada confusión hay una guía.

Si entiende esta verdad, su vida será diferente. Jeremías dijo: «¡Oh Señor Jehová! he aquí que tú hiciste el cielo y la tierra con tu gran poder, y con tu brazo extendido, ni hay nada que sea difícil para ti» (Jeremías 32.17). Uno de mis versículos favoritos es 2 Crónicas 16.9: «Porque los ojos de Jehová contemplan toda la tierra, para mostrar su poder a favor de los que tienen corazón perfecto para con él».

Hay varias manera en que Dios muestra su poder en nuestras vidas cuando cambiamos.

Fuerza # 1: La Palabra de Dios

Cuando las verdades de la Biblia penetran a nuestra mente y a nuestro corazón, nuestra actitud mejora. El mundo suyo está lleno de gente que continuamente demuestra que la relación correcta del hombre con Dios crea una mente saludable. Pablo es un ejemplo.

«Me pregunto: ¿por qué», decía un obispo anglicano, «dondequiera que iba el apóstol Pablo causaba una revolución, y dondequiera que yo voy me sirven una taza de te?»

Hoy en día tenemos vidas relativamente fáciles. Pero el apóstol Pablo difícilmente podía ir una ciudad sin que estallara un alboroto. Parecería que Pablo siempre hubiera querido meterse en problemas. Durante su primer viaje misionero fue apedreado y dado por muerto. Durante el segundo enfrentó cargos de trastornar el mundo. Durante toda su vida soportó increíbles penalidades: prisiones, azotes, golpes, naufragios, privaciones, agotamientos.

Difícilmente esa sería la «victoriosa vida cristiana» que nosotros visualizamos, ¿no es cierto? Pero a pesar de sus intensas penalidades y sufrimientos, constantemente mantuvo una actitud de agradecimiento y gozo. Lo arrojaron en prisión, y ¿qué hizo? ¿Refunfuñó y se quejó? ¡No! Cantó himnos de gozo a Dios (Hechos 16.25). Lo arrojaron nuevamente, pero animó a otros a «regocijarse en el Señor siempre» (Filipenses 4.4). La actitud predominante de Pablo en cualquier circunstancia era una actitud de gozo. ¿De dónde venía ese gozo?

Tal vez podamos dar una mirada a la vida victoriosa de Pablo leyendo su carta a los Romanos. El capítulo 8 nos da lo que llamo «Fundamentos de fe para una actitud cristiana positiva».

Primer fundamento: «Soy importante»

> Y sabemos que a los que aman a Dios, todas las cosas les ayudan a bien, esto es, a los que conforme a su propósito son llamados. Porque a los que antes conoció, también los predestinó para que fuesen hechos conformes a la imagen de su Hijo, para que él sea el primogénito entre muchos hermanos. Y a los que predestinó, a éstos también llamó; y a los que llamó, a éstos también justificó; y a los que justificó, a éstos también glorificó (vv. 28-30).

Mi sentido de importancia aumenta al darme cuenta que soy llamado «conforme a su propósito» (v. 28); predestinado para ser hecho conforme «a la imagen de su Hijo» (v. 29); «llamado[...] justificado[...] glorificado[...]» (v. 30).

Segundo fundamento: «Estoy seguro»

> ¿Qué, pues, diremos a esto? Si Dios es por nosotros, ¿quién contra nosotros? El que no escatimó ni a su propio Hijo, sino que lo entregó por todos nosotros, ¿cómo no nos

> dará también con Él todas las cosas? ¿Quién acusará a los escogidos de Dios? Dios es el que justifica. ¿Quién es el que condenará? Cristo es el que murió; más aun, el que también resucitó, el que además está a la diestra de Dios, el que también intercede por nosotros. ¿Quién nos separará del amor de Cristo? ¿Tribulación, o angustia, o persecución, o hambre, o desnudez, o peligro, o espada? Como está escrito: Por causa de ti somos muertos todo el tiempo; somos contados como ovejas de matadero. Antes, en todas estas cosas somos más que vencedores por medio de aquel que nos amó. Por lo cual estoy seguro de que ni la muerte, ni la vida, ni ángeles, ni principados, ni potestades, ni lo presente, ni lo por venir, ni lo alto, ni lo profundo, ni ninguna otra cosa creada nos podrá separar del amor de Dios, que es en Cristo Jesús Señor nuestro (vv. 31-39).

Cuando sé que estoy seguro en Él, acepto correr cualquier riesgo en mi vida. Sólo los que se sienten inseguros no aceptan correr el riesgo del fracaso. Los que se sienten seguros son sinceros consigo mismos y reconocen el fracaso, piden ayuda y lo intentan nuevamente. Ellos son los que pueden cambiar.

Las personas me piden ayuda para vencer algunos problemas del pasado. Una persona tenía muchas dificultades por causa de su pasado. Era horrible: un hogar destrozado, suicidio, fracaso en los negocios, problemas mentales y falta de amor. Entonces, en su desesperación, sintió un profundo deseo de vivir una nueva vida y de experimentar la sanidad de la mente y del alma. Le leí el siguiente pasaje bíblico que también le recomiendo a usted:

> No os acordéis de las cosas pasadas, ni traigáis a memoria las cosas antiguas. He aquí que yo hago cosa nueva; pronto saldrá a luz; ¿no la conoceréis? Otra vez abriré camino en el desierto y ríos en la soledad (Isaías 43.18, 19).

Recuerde las palabras de Jeremías: «¿Hay algo que sea difícil para mí?» La Biblia, no Norman Vincent Peale, dijo primero: «Al que cree todo le es posible». La Palabra de Dios, no Maxwell Maltz (autor de *Psycho-Cibernetics* [Psicocibernética]), dijo primero: «Todo lo que pidiereis orando creed que lo recibiréis y os vendrá». Las Escrituras, no Robert L. Schuller, dijeron primero: «Todo lo que pidieres en oración, creyendo, lo recibiréis». La Palabra de Dios nos da la fuerza y la guía para cambiar nuestras vidas.

Fuerza # 2: Oración

Muchos destacados hombres de oración de la Biblia fueron efectivos, aunque breves. El Salmo 25.1-10 es una oración corta, sencilla y sincera. Y también poderosa. El Padre Nuestro tiene solamente 57 palabras.

Leí que si un abogado hubiera escrito solamente esta frase del Padre Nuestro: «El pan nuestro de cada día, dánoslo hoy», se leería así: «Con los debidos respetos, solicitamos y pedimos que, debido a que es necesario hacer una provisión adecuada, en este día y fecha arriba escritos, para satisfacer las necesidades nutricionales de los peticionarios, y para organizar los métodos de almacenamiento y distribución, como se juzgue conveniente y necesario, así como apropiado para asegurar la recepción por y para dichos peticionarios de tal cantidad de productos (llámese pan) se nos conceda la cantidad suficiente de estos productos».

El Salmo 25 describe a una persona que ha escogido el camino recto, pero ha descubierto que no es fácil andar por él. El camino está bordeado de enemigos que quieren poner al débil en vergüenza. El peregrino está lleno de dudas internas y recuerda sus fracasos pasados. Pero lo que debemos entender aquí es que es muy difícil caminar sin la compañía del Señor.

El salmista, atormentado por adentro y por afuera, se ha detenido un momento en el camino. Sabe que no puede regresar, pero no sabe cómo continuar. Por eso pide que Dios le ayude a seguir sin salirse del buen camino.

Aprendemos cinco cosas de la oración de este hombre en los versículos 1 al 10.

1. Sabe en qué dirección buscar ayuda

> A ti, oh Jehová, levantaré mi alma (v. 1).

El humanista mira solamente los recursos humanos disponibles. El cristiano inmediatamente mira a Dios. El hombre de oración sabe que las bendiciones de Dios no son opcionales. Son una necesidad.

2. Sabe en quién confiar

> Dios mío, en ti confío; no sea yo avergonzado, no se alegren de mí mis enemigos. Ciertamente ninguno de cuantos esperan en ti será confundido; serán avergonzados los que se rebelan sin causa (vv. 2,3).

Una actitud de confianza es la clave para la oración efectiva basada en el carácter de Dios. La confianza de las confianzas debe ser la confianza en Dios.

3. Conoce el propósito de la oración

> Muéstrame, oh Jehová, tus caminos; enséñame tus sendas. Encamíname en tu verdad y enséñame; porque tú eres el Dios de mi salvación; en ti he esperado todo el día (vv. 4, 5).

El propósito de la oración es cambiar. Richard Foster, dice:

Orar es cambiar. La oración es la avenida central que utiliza Dios para transformarnos. Si no nos interesa cambiar, abandonaremos la oración como una característica notable de nuestras vidas. Mientras más oramos, más llegamos al corazón de Dios. La oración inicia el proceso de comunicación entre Dios y nosotros. Todas las opciones de la vida caen ante nosotros. En ese punto, o abandonaremos la oración y dejaremos de crecer, o persistiremos en nuestra vida de oración y dejaremos que Él nos cambie. Cualquiera de las dos opciones son dolorosas. No crecer a su semejanza es no disfrutar de su plenitud. Cuando esto sucede, las prioridades del mundo comienzan a desvanecerse.

Cuando oramos pidiéndole a Dios que cambie una situación, casi siempre comienza con nosotros.

4. Conoce la base de la oración

Acuérdate, oh Jehová, de tus piedades y de tus misericordias, que son perpetuas. De los pecados de mi juventud, y de mis rebeliones, no te acuerdes; conforme a tu misericordia acuérdate de mí, por tu bondad, oh Jehová (vv. 6, 7).

El salmista no se acerca a Dios basado en su propia grandeza, sino que viene a Él «conforme a tu misericordia». El cambio de David se basa en lo que Dios es, no en lo que hace.

5. Conoce el futuro de la oración.

Bueno y recto es Jehová; por tanto, Él enseñará a los pecadores el camino. Encaminará a los humildes por el juicio, y enseñará a los mansos su carrera. Todas las sendas de Jehová son misericordia y verdad, para los que guardan su pacto y sus testimonios (vv. 8-10).

El futuro es tan sólido como el carácter de Dios. La fidelidad de Dios se basa en sus atributos, no en tus acciones. Lleva las actitudes equivocadas a Él. Pronuncia la oración de las oraciones de los versículos 4 y 5.

Muéstrame: Pongo mis actitudes bajo tu control (eso implica las pruebas).

Enséñame: Prepárame para conocer tu verdad (eso implica enseñanzas).

Encamíname: Guíame y camina conmigo (eso implica confianza).

Encamíname: no puede venir primero.

No podemos confiar en lo que no conocemos.

No podemos confiar en lo que no hemos probado.

Enséñame: no puede venir primero.

Aprender sin disciplina no puede ser totalmente efectivo.

Aprender sin experiencia no puede ser plenamente apreciado.

Muéstrame: debe venir primero.

Hazme conocer. Una vez que se determina la voluntad, el camino es seguro. Una vez que se paga el precio, el camino es despejado. La oración le cambia a usted. Usted cambia sus actitudes.

Fuerza # 3: El Espíritu Santo

Hay cerca de trescientas referencias al Espíritu Santo en el Nuevo Testamento. La palabra con la que está continuamente asociado es «poder». En Juan 16.4-16, Jesús enseña claramente la necesidad del Consolador en nuestras vidas. Los discípulos estaban inseguros sobre su futuro. Jesús les dijo:

> Mas os he dicho estas cosas, para que cuando llegue la hora, os acordéis de que ya os lo había dicho. Esto no os lo dije al principio, porque yo estaba con vosotros. Pero ahora voy al que me envió; y ninguno de vosotros me pregunta: ¿A dónde vas? Antes, porque os he dicho estas cosas, tristeza ha llenado vuestro corazón. Pero yo os digo la verdad: Os conviene que yo me vaya; porque si no me fuere, el Consolador no vendría a vosotros; más si me fuere os lo enviaré. Y cuando él venga, convencerá al mundo de pecado, de justicia y de juicio. De pecado, por cuanto no creen en mí; de justicia, por cuanto voy al Padre, y no me veréis más, y de juicio, por cuanto el príncipe de este mundo ha sido ya juzgado. Aún tengo muchas cosas que deciros, pero ahora no las podéis sobrellevar. Pero cuando venga el Espíritu de verdad, Él os guiará a toda la verdad; porque no hablará por su propia cuenta, sino que hablará todo lo que oyere, y os hará saber las cosas que habrán de venir. Él me glorificará porque tomará de lo mío, y os lo hará saber. Todo lo que tiene el Padre es mío; por eso dije que tomará de lo mío, y os lo hará saber. Todavía un poco y no me veréis; y de nuevo un poco, y me veréis; porque yo voy al Padre.

Jesús dijo que nos convenía que enviara al Consolador. El Espíritu de verdad nos guiará y glorificará a Jesús. En Hechos 1 leemos que nuestro Señor estaba listo para regresar al Padre. A los pocos seguidores que le rodeaban Jesús les dijo estas importantes palabras finales:

> Y estando juntos, les mandó que no se fueran de Jerusalén, sino que esperasen la promesa del Padre, la cual, les dijo, oísteis de mí. Porque Juan ciertamente bautizó con agua, mas vosotros seréis bautizados con el Espíritu Santo dentro de no muchos días. Entonces los que se habían reunido le preguntaron, diciendo: Señor, ¿restaurarás el reino a Israel en este tiempo? Y les dijo: No os toca a vosotros saber los tiempos o las sazones que el Padre puso en su sola potestad; pero recibiréis poder, cuando haya venido sobre

vosotros el Espíritu Santo, y me seréis testigos en Jerusalén, en toda Judea, en Samaria, y hasta lo último de la tierra (Hechos 1.4-8).

Les prometió poder cuando recibieran el Espíritu Santo. Hasta Pentecostés, los discípulos eran un grupo cuestionable. De los doce originales, Judas se había ido. Santiago y Juan tendrían que ser cuestionados en cuanto a sus motivos y deseos políticos. Tomás, sin duda de Missouri, continuaba dudando. (Fue probablemente el padre de la directiva de la iglesia.) Y tenemos a Pedro, glorioso en un momento, cobarde en otro, declarando verdades y luego negándolas. ¿Cuáles eran sus planes después de la muerte de Cristo? Quería regresar a pescar.

Jesús había pasado tres años con sus discípulos. Le habían escuchado sus enseñanzas, pero necesitaban algo más que enseñanzas. Había hecho muchos milagros delante de ellos, pero estaban frustrados por su inadecuado esfuerzo humano. A petición de ellos, Jesús les enseñó a orar, pero carecían de un verdadero poder en sus vidas. La disciplina del Señor no les había dado la efectividad que necesitaban para comenzar la iglesia primitiva. Jesús sabía lo que necesitaban. Por eso les pidió esperar la llenura del Espíritu Santo en sus vidas.

Esperaron y fueron llenos. ¡Comenzó la iglesia primitiva! Este grupo de creyentes se lanzó adelante en medio de la tormenta. Siete problemas confrontó esta iglesia neotestamentaria del libro de los Hechos. Después de cada obstáculo la iglesia creció y la Palabra de Dios se extendió. Los obstáculos se convirtieron en oportunidades. Las barreras en bendiciones. Los cobardes se hicieron valientes. ¿Por qué? Porque los que estaban en la iglesia estaban llenos del Espíritu Santo.

Usted puede tener ese mismo poder. Cambiar una actitud no es fácil, pero he visto modelarse muchas actitudes por medio de la oración. El siguiente es un caso de estudio de un hombre al que llamaremos Jim. Tiene treinta y tres años de edad y una preparación en leyes. Cuando niño experimentó abuso físico, golpes, maltrato, una mala relación padre-hijo, baja autoestima y patrones religiosos rígidos.

Jim dice: «Vivía en perpetua culpa. Mi temprana conversión a Cristo fue motivada por la culpa. Si algo era agradable, debía ser pecado. A los quince años me alejé de Dios y me fui de la casa. Cuando regresé tuve una genuina experiencia de salvación, pero unos dos años antes vi una luz al final del túnel. Estando en clase en el colegio bíblico, el Espíritu Santo habló a mi corazón. Levanté mi mano y pedí la palabra. Cuando me la concedieron dije: "Profesor, ¿quisiera orar por mí? Mi actitud huele mal". Toda la clase oró por mí y experimenté una liberación inmediata. Mi actitud ha tenido sus malos momentos de vez en cuando, pero he notado (y lo mismo los que me rodean) un continuo mejoramiento desde entonces. Todavía necesito mejorar, pero voy bien. Gloria a Dios».

Si deseas cambiar, y estás pensando en eso, recuerda que no puedes hacer nada por ti mismo. Primera de Juan 4.4 dice: «Hijitos, vosotros sois de Dios, y los habéis vencidos; porque mayor es el que está en vosotros, que el que está en el mundo».

Usted experimentará ese poder vencedor al recordar esto:

FÓRMULA PARA EL ÉXITO ESPIRITUAL

Si quiere angustiarse, mire hacia adentro
Si quiere derrotarse, mire hacia atrás
Si quiere distraerse, mire a su alrededor
Si quiere desmayarse, mire hacia adelante
Si quiere liberarse, ¡mire hacia arriba!

CANALES PARA EL CAMBIO

Repase cada día esta cartilla. Está diseñada para:

1. Animarle en su búsqueda de cambio;
2. Dirigirle para que no desperdicie el momento; y
3. Brindarle la información correcta.

Recuerde: No hay mejoramiento sin cambio.

I. LA DECISIÓN ESTÁ EN USTED

Decisión # 1: HAGA UNA EVALUACIÓN DE SU ACTITUD (Filipenses 2.5) ¿Le agradan a Cristo y me agradan a mí mis actitudes?

Decisión # 2: ¿ES SU FE MÁS FUERTE QUE SU TEMOR? (Mateo 21.21). ¿Actúo por fe sobre mis temores?

Decisión # 3: ESCRIBA UNA DECLARACIÓN DE PROPÓSITO (Filipenses 3.13, 14). ¿He escrito, expresado verbalmente y actuado para cambiar mi actitud?

Decisión # 4: DETERMINE SI TIENE EL DESEO DE CAMBIAR (Salmo 37.4). El cambio es posible *si* lo deseo suficientemente. ¿Estoy dispuesto a pagar el precio?

Decisión # 5: VIVA DÍA A DÍA (Mateo 6.34). ¿Estoy dejando que los problemas de mañana me quiten la fuerza de ahora?

Decisión # 6: CAMBIE SUS PATRONES DE PENSAMIENTO (Filipenses 4.8). Lo que mantiene nuestra atención determina nuestra acción. ¿Estoy pensando en lo justo?

Decisión # 7: DESARROLLE BUENOS HÁBITOS (Deuteronomio 6.5-9). ¿Insisto en actuar de acuerdo a los hábitos positivos para vencer los negativos?

Decisión # 8: DECÍDASE SIEMPRE POR LA ACTITUD CORRECTA (Proverbios 3.31) ¿Estoy siempre dispuesto a cambiar?

II. LAS OPORTUNIDADES A SU ALREDEDOR

Oportunidad # 1: BUSQUE LA COOPERACIÓN DE UN BUEN AMIGO (Deuteronomio 32.30). ¿Me reúno regularmente con un amigo que me ayude?

Oportunidad # 2: ASOCIESE CON LAS PERSONAS APROPIADAS (Santiago 4.4). ¿Ayudan o estorban mis amigos respecto a mis cambios?

Oportunidad # 3: SELECCIONE UN MODELO A SEGUIR (Filipenses 4.9). ¿Utilizo mi tiempo reuniéndome con una persona que admiro?

Oportunidad # 4: APRENDA DE SUS EQUIVOCACIONES (Juan 8.11). ¿Cuáles de mis últimas equivocaciones me han hecho cambiar?

Oportunidad # 5: SEA RECEPTIVO A EXPERIENCIAS EXITOSAS (Lucas 11.1) ¿A qué persona veré ahora, o cuál será el acontecimiento positivo en el que participaré?

III. EL DIOS SOBRE USTED

Fuerza # 1: LA PALABRA DE DIOS (2 Timoteo 3.16,17). ¿Obtengo diariamente fuerza de la Palabra de Dios?

Fuerza # 2: ORACIÓN (Santiago 5.16). ¿Oro diaria y específicamente por mi actitud?

Fuerza # 3: EL ESPÍRITU SANTO (1 Juan 4.4). ¿Estoy permanentemente lleno del Espíritu Santo?

GUÍA DE ESTUDIO

CAPÍTULO UNO

Es un pájaro...

Es un avión...

No, ¡es una actitud!

1. Imagínese que es un piloto en la cabina de un avión. ¡Prosiga, puede hacerlo! Y sigue volando... ¿En qué mantendrá sus ojos para controlar la conducta del avión? ¿Cómo puede controlar su conducta?

2. Ahora, imagínese sentado en la cabina de su vida. ¿Cuál es el factor que determina su conducta espiritual, mental y física, sin importar el «tiempo» que afronte?

3. Califíquese de acuerdo al patrón de actitud que Pablo da a Jesús. Anótese un cinco si se siente realmente bien en cuanto a esta actitud.

   a. Soy altruista.

   ___0 ___1 ___2 ___3 ___4 ___5

   b. Soy seguro.

   ___0 ___1 ___2 ___3 ___4 ___5

   c. Soy sumiso.

   ___0 ___1 ___ 2___3 ___4 ___5

   Si quiere saber cómo lo ven los demás, pida a su esposa o a un amigo que lo califiquen.

4. Según Romanos 12.1, 2, ¿qué debe suceder para que nuestra actitud refleje la voluntad de Dios respecto a nosotros?

5. Piense en alguna situación de su vida que le moleste y afecte su actitud. Use el proceso de alabanza en tres etapas del rey David. Describa cómo se aplica a la situación que vive.

   a. La alabanza comienza con la voluntad (Salmos 34.1).

   b. La alabanza fluye a las emociones (Salmos 34.2).

   c. La alabanza se extiende a los demás (Salmos 34.2,3).

6. Llene esta prueba de actitud:

Nunca he estado mejor	___Sí	___No
Nunca he estado peor	___Sí	___No
Tengo la «nariz» hacia arriba	___Sí	___No
Tengo la «nariz» hacia abajo	___Sí	___No

CAPÍTULO DOS

La actitud, ¿qué es?

1. Recuerde una ocasión en la que tuvo
   - una actitud positiva
   - un problema de actitud

   Analice el impacto en su familia, iglesia, trabajo y medio ambiente. No es un ejercicio para juzgar, sino un intento para saber el impacto de la actitud.

2. «Es mi personalidad», dice usted. ¿Cómo afecta la personalidad a la actitud hacia los demás? ¿O hacia las distintas situaciones de la vida?

3. ¿Cómo afectan a los demás, las expresiones faciales y el lenguaje corporal? ¿Cómo afectan al que habla?

4. ¿Qué comunican en el hogar las expresiones faciales y el lenguaje corporal? ¿Qué comunican en el trabajo? ¿Qué en las situaciones sociales?

5. ¿Cuál es la conexión entre la obediencia a Cristo y nuestra actitud? (páginas 22–24).

6. ¿En qué situaciones aprendemos a confiar en el Señor por medio de la obediencia? (Utilice el ejemplo de las bodas de Canaán de la página 23.)

7. ¿De qué manera su actitud es la «biblioteca de su pasado?»

CAPÍTULO TRES

La actitud: ¿Por qué es importante?

1. Si ha recibido influencia negativa de la gente, ¿qué indica eso en cuanto a usted?

2. Aunque debería ser obvio, ¿cuál es la principal fuerza que determinará si triunfamos o fracasamos?

3. Señale su respuesta a la pregunta: «¿Cómo siente que le trata el mundo?»

   a. Terriblemente
   b. Más o menos
   c. Bien
   d. Excelentemente

4. Si su respuesta es «terriblemente» o «más o menos», ¿estaría de acuerdo o no con la afirmación del autor: «A veces la cárcel del descontento es construida por sus propias manos?» Si no está de acuerdo, indique por qué.

5. ¿Qué aprendemos de la afirmación del apóstol Pablo en Filipenses 3.13, 14? ¿Cómo podemos usarla en nuestras vidas?

6. Como no podemos ajustar la mayoría de las situaciones de la vida a nuestros deseos, ¿qué podemos hacer con ellas? ¿En qué sí tenemos control? (páginas 30 y 31).

7. ¿Cuáles son algunas de las frustrantes, fastidiosas y horribles experiencias que tiene con los demás y que hacen aparecer las actitudes positivas como imposibles?

   a. En el hogar:
   b. En la carretera:
   c. En el trabajo:
   d. En la iglesia:

8. ¿Qué papel juega el tener una actitud positiva en esas situaciones para hacer de usted una persona encantadora y triunfadora? (páginas 33–35).

9. Seleccione la persona con la que tenga las mayores dificultades, y busque, durante una semana, oportunidades para decirle cosas positivas y estimulantes todos los días. Evalúe la actitud de esa persona hacia usted después de esa semana.

10. ¿Qué es lo que da a muchos triunfadores ese pequeño margen sobre los demás, aun cuando ellos sean más inteligentes y educados? Describa a alguien de su familia o de su círculo de relaciones que demuestre las cualidades que usted ha enumerado.

11. Vuelva a leer el ejemplo de la esposa que siguió a su esposo a un campo de entrenamiento en el desierto (páginas 38–39). ¿En qué área de su vida puede, como esta mujer, convertir los limones en limonada?

    a. Situación de la vida:
    b. Lo que necesito hacer es:

12. ¿Qué está comenzando ahora mismo, que necesite este axioma de la página 40: «Nuestra actitud al comenzar una tarea afectará los resultados, más que cualquier otra cosa»? ¿Qué idea clave, que se ajuste a su situación, apareció cuando leyó el comentario y las ilustraciones?

13. «Las máximas, verdades cortas, son joyas que brillan con múltiples facetas. Escriba tres máximas que llamaron su atención cuando leyó la sección bajo el título «Axioma de actitud # 5».

    a.
    b.
    c.

    Escríbalas en tarjetas de 3 X 5 pulgadas, añada la situación a la que se aplican, y llévelas con usted a fin de sacarlas, leerlas y dejar que le inspiren nuevamente. Si tiene acceso a una computadora con gráficas, haga sus propios cuadros.

14. ¿Conoce a una persona sin límites (página 46) en su familia, en su iglesia, en su comunidad o en su trabajo? Analice lo que da a esa persona margen sobre los demás. No es demasiado tarde para que sea una persona sin límites. Identifique la limitación que usted se ha impuesto, y de esa observación saque la conclusión de cómo podría llegar a ser una persona sin límites.

15. ¿Por qué ser cristianos no nos da automáticamente una buena actitud? Si Cristo vive en nosotros por medio de su Espíritu Santo, ¿quién es el responsable de nuestras actitudes equivocadas?

16. Para un genuino progreso, escriba las cinco cosas que reflejan una actitud cristiana adecuada (página 49) y luego añada una situación a la que cada actitud debe aplicarse.

    a.
    b.
    c.
    d.
    e.

CAPÍTULO CUATRO

Es difícil volar con las águilas cuando se tiene
que vivir con los pavos

1. Dé un ejemplo, tomado de su familia, en el que haya la conducta que refleje el comentario del autor: «Cambiamos fácilmente para adaptarnos a nuestro entorno».

2. Victor Frankl dijo: «La última de las libertades humanas es escoger la actitud de uno en *cualquier* clase de circunstancias». ¿Está de acuerdo con esto o no? ¿Por qué? ¿Puede dar un ejemplo?

3. Después de leer la historia de las páginas 57 y 58, reflexione en la actitud que parece haber pasado de generación en generación en su familia. ¿Qué decisión necesita tomar?

4. Llene la Aplicación de actitud de la página 58. Retírese a su lugar favorito en el que pueda pensar con tranquilidad: su silla preferida, un lugar del jardín, un parque en la montaña, una playa. Ore que Dios permita que afloren esas condiciones que necesita reconocer como formativas o destructivas, y las decisiones que deba tomar como resultado de eso.

CAPÍTULO CINCO

Verdades fundamentales sobre la edificación de una actitud

1. ¿Cuál es la actitud que tuvo en su infancia que todavía amenaza con descarrilar sus esfuerzos para mejorar su actitud? Si experimentó una infancia con actitudes positivas, ¿qué elementos de esa experiencia son ahora el «motor» para un cambio positivo?

2. ¿Qué actitud de crecimiento, positiva o negativa, detecta en sí mismo? ¿Y en su esposa?

3. El mismo hecho de que usted haya leído *Actitud de vencedor* y esté trabajando en esta guía de estudio, le da una ayuda positiva para tener buena actitud. Pero como parte de esa ayuda revise qué actitudes necesitan específicamente profundizarse y reforzarse. Escriba el paso que debe dar ahora para hacerlo.

4. Muchos adultos luchan con experiencias como la de la señora que escribió al autor. En vez de concentrarse en informaciones negativas, pida que Dios le ayude a recibir refuerzo positivo de las personas significativas en su vida. Y si es posible, envíe por lo menos a una de esas personas una tarjeta de agradecimiento esta semana.

5. ¿En qué maneras y en qué situaciones ha podido salir triunfalmente de su «pozo» personal, con la ayuda de Dios, generando una actitud positiva hacia el futuro?

CAPÍTULO SEIS

Materiales que se usan para construir una actitud

1. Si completó la **Aplicación de actitud** de las páginas 66–68, reexamine lo que escribió a la luz de las respuestas que se han dado en esta guía de estudio. El tiempo transcurrido, el hurgar en los recuerdos, puede significar que querrá cambiar algunas de las respuestas que dio antes.

2. ¿Ha identificado cuál de los cuatro temperamentos es el más parecido al suyo? Si lo ha hecho, ¿cuál de las frases descriptivas utilizadas al final de la página 69 describe más exactamente su actitud?

3. Todos nosotros vivimos, en cierto momento de nuestra vida, en un ambiente negativo. Para algunos, la vida familiar es un constante combatir las actitudes negativas del cónyuge. Para otros, la vida en la oficina y el trato con los clientes, es conflictivo. Describa el ambiente que haya sido más negativo en su vida, y téngalo en mente mientras trabaja en este libro.

4. Usted ha leído las experiencias del autor en cuanto a la aceptación. ¿Cuáles son las suyas? ¡Gracias a Dios por ellas! Identifique dónde y cómo puede proveer esa clase de afirmación, y escriba su respuesta como confirmación de ese deseo.

5. El autor tiene claramente una autoimagen positiva. Y menciona varios aspectos para sentirse bien con uno mismo. Encuéntrelas en el texto y escríbalas para recordarlas.

6. Observe cómo el autor se sintió bien ayudando a triunfar a su hija. ¿A quién puede usted ayudar a triunfar? Escriba un plan de acción, aunque sea incompleto.

7. El autor escribe: «Siempre tenemos muchas oportunidades en nuestras manos. Debemos decidir si corremos o no el riesgo de actuar en ellas». ¿Cuáles son las oportunidades que le exigen que corra un riesgo?

8. Un pastor que pasó por una crisis emocional descubrió que sólo hubo un amigo que lo animó y orientó, más de dos docenas lo desanimaron, y otros permanecieron neutrales. Cuando volvió al ministerio activo, se propuso aumentar el número de amigos de los que pudiera recibir ayuda positiva. ¿Qué clase de ayuda le proveen sus compañeros? ¿Necesita otras relaciones de compañerismo?

9. El ambiente de nuestro hogar, las actitudes de nuestro cónyuge e hijos, pueden darnos un ambiente con influencia negativa. Si es así, ¿qué pasos debemos dar para superar eso?

- Visitar a un pastor o consejero
- Hacer un pacto de oración con un amigo
- Comenzar una campaña para proveerle experiencias positivas al cónyuge
- Confrontar con amor, en algún lugar neutral (restaurante, playa, parque), a la parte culpable.

CAPÍTULO SIETE

La equivocación más costosa que la gente comete al construir una actitud

1. ¿Qué fue lo más limitante o lo que le dio el más grande desafío cuando trató de romper la barrera que le separaba del entusiasmo?

2. ¿En qué áreas de su vida falla al no pasar la línea del nivel de entusiasmo?
   - En términos de esfuerzo físico
   - En términos de disciplina espiritual
   - En términos de experiencias familiares
   - En términos de riesgos de trabajo

   Establezca una meta en un área que le ayude a pasar ese nivel.

3. Describa una experiencia tan dolorosa que nunca se ha arriesgado a repetirla. Analice cómo podría pasar la barrera del dolor en un acontecimiento similar en el futuro.

CAPÍTULO OCHO

¡Socorro! ¡Socorro! Mi actitud está perdiendo altura

1. ¿Cuáles son las tres cosas que el autor quiere que recuerde «cuando las cosas se vuelven escabrosas»?

   a.

   b.

   c.

2. ¿Hay mal tiempo? ¿Qué pensamiento clave puede llevarle adelante, según Gálatas 6.9?

3. ¿Cuál es nuestra «segunda fuerza» cuando servimos al Señor según Hebreos 12.1-3?

4. ¿Encara una posible borrasca en su vida familiar o en su trabajo? ¿Qué puede hacer para evitarla? Use el siguiente criterio:

   a. ¿Carezco de la experiencia necesaria para sortear esta tormenta?

   b. ¿Carezco de la experiencia necesaria para navegar por la tormenta?

   c. ¿Carezco del tiempo para hacer los preparativos necesarios?

   d. ¿Carezco de los elementos para hacer una decisión adecuada?

   e. ¿Carezco de la oración suficiente para enfrentar la tormenta?

5. ¿Qué piensa de la afirmación del autor: «La clave del éxito en la toma de una decisión es tanto el tiempo como la acción adecuada»?

6. ¿Cómo podemos saber si no estamos en contacto con la «torre de control»?

7. «Lo que realmente importa es lo que sucede en nosotros, no lo que nos sucede a nosotros». ¿Está de acuerdo o no? ¿Por qué?

CAPÍTULO NUEVE

Cuando nos estrellamos
desde adentro

1. El autor enumera los grandes fracasos de hombres a los que ahora consideramos héroes, lo cual nos recuerda que el fracaso no necesariamente es mortal.

   a. Describa un fracaso en su vida que pensó que lo destruiría, pero que no lo hizo.

   b. Describa un fracaso que demostró, con el tiempo, ser un peldaño en el camino del éxito.

2. Si es realmente sincero, ¿cómo el temor al fracaso en una área específica, le impide progresar?

3. Comente la afirmación del autor: «Aceptar el fracaso en el sentido positivo es algo efectivo cuando se cree que el derecho a fracasar es tan importante como el derecho a triunfar».

4. ¿Cuáles son las implicaciones, para el cristiano, de la afirmación: «No tengo que sobrevivir»?

5. ¿Enfrenta un problema moral o ético en el trabajo, en la iglesia, donde está en juego la «supervivencia»? Si es así identifíquelo y escriba el asunto en juego.

6. ¿Qué implicación tiene para usted la siguiente afirmación?: «Hasta que no aceptemos que el futuro del mundo no depende de nuestras decisiones, no podremos olvidar las equivocaciones pasadas. La actitud es el factor determinante en cuanto a si nuestros fracasos nos fortalecen o nos destruyen»

7. ¿Cómo se relaciona con el asunto del temor y del fracaso, Juan 12.24, 25?

8. ¿Cuáles son las cuatro cosas que nos causa el desaliento?

   a.

   b.

   c.

   d.

9. ¿Cuáles fueron los factores que contribuyeron al éxito de Evelyn McFarland como capitán de omnibus?

10. Piense en una situación desalentadora de su vida. Ahora, aplique los cuatro pasos que el autor recomienda, describiendo cómo se ajustan a su situación.

a. Acción positiva:

b. Pensamiento positivo:

c. Ejemplo positivo:

d. Persistencia positiva:

11. ¿Cómo se relaciona con la lucha del apóstol Pablo descrita en Romanos 7.15-25? No tema ser franco y honesto.

12. Examine los ocho pasos para obtener el poder purificador, comenzando en la página 127. Ore mientras va por ellos, luchando con tentaciones específicas en primera línea.

CAPÍTULO DIEZ

Cuando nos estrellamos desde afuera

1. ¿Cuál considera que fue la crítica más traumática de alguien cercano a usted? Si aún la recuerda, analice si fue justificada (lea el número 2 al comienzo de la página 132 para una prueba rápida) o si ese fue el caso de: «el mejor fruto es el que los pájaros se comen».

2. Evalúe si esa crítica es, como en el caso de Jesús (página 131):

   - Una oportunidad para consolar
   - Una oportunidad para curar
   - Una oportunidad para vencer
   - Una oportunidad para perdonar

3. ¿Qué podemos aprender de la enseñanza de Jesús en Mateo 5.43-48, considerando nuestra respuesta a la crítica?

4. Nombre un amigo que le anima cuando viene la crítica. Luego nombre una persona cuya crítica le es perjudicial.

5. ¿Cuáles con las implicaciones del comentario de Robert Louis Stevenson: «Nunca permitiré que una hilera de frascos de medicina bloquee mi horizonte»? Enumere tres o cuatro «frascos de medicina» en su vida que amenazan quitar sus ojos de la presencia de Jesús y de sus provisiones.

6. ¿Cuál es el cambio que potencialmente es fuente de incomodidad,

   - en su hogar:
   - en su iglesia:
   - en el trabajo:
   - en su comunidad:

7. Examine ese cambio y evalúelo a la luz del comentario del autor: «Con la debida actitud, todo cambio, sea positivo o negativo, será una experiencia de aprendizaje que resultará en crecimiento». ¿Cuál sería el componente de aprendizaje en ese cambio? ¿Cuál sería el componente de crecimiento?

8. El autor escribe: «Cada generación tiene tres funciones específicas que cumplir». Describa las maneras en las que usted podría ser parte de este proceso de cambio (página 138).

   a. Conserve:
   b. Critique:
   c. Cree:

9. Hay alguna situación en su iglesia en que la fricción puede ayudar a «generar el poder para progresar»? Considere las áreas más frecuentes de interacción entre los miembros más viejos y los más jóvenes.

   a. Ministerio con los niños:
   b. Ministerio con los jóvenes:
   c. Ministerio de música y adoración:

10. En nuestros días, los medios de comunicación presentan casi exclusivamente las noticias negativas. ¿En qué maneras podría esto hacerle entender lo que Dios podría hacer en el futuro? Traiga todo esto en oración delante del Señor para ser renovado, y enumere los pensamientos negativos que dominan su vida mientras ve o después de mirar las noticias de la televisión.

11. ¿Cómo limita nuestro potencial el pensamiento negativo? Si es posible, responda en términos de una situación específica en su vida hogareña, en la iglesia, en la comunidad, en el trabajo.

12. Como madre, padre o supervisor, ¿cuáles son sus preguntas a la luz del comentario del autor en las páginas 144 y 145?

13. ¿Cuáles son algunos «imposibles» que ha alcanzado o ha visto que otros alcanzan?

14. ¿Le desafía alguien con una actitud de «Esto no puede hacerse»? ¿Cuál debe ser su respuesta (considere la afirmación del autor de la página 148, comenzando con el número 3)?

CAPÍTULO ONCE

Suba, suba y vuele lejos

1. ¿Cuáles son las buenas noticias para los que están aprisionados por sus malas actitudes?

2. ¿Qué excusas dan usted o un ser amado, por las malas actitudes?

3. Lea el testimonio personal comenzando en la página 154. Subraye y escriba los cuatro factores clave enumerados al comienzo de la página 156. Evalúe su propia posición a la luz de esos comentarios.

   a.
   b.
   c.
   d.

4. Busque a un amigo que ore con usted y en el que tenga confianza, mientras se esfuerza en cambiar una actitud negativa.

5. Si tiene un problema de actitud, pronuncie la oración del autor de las páginas 157 y 158 o hágala suya escribiéndola y orando todos los días durante un mes.

CAPÍTULO DOCE

La decisión dentro de usted

¿Está listo para un verdadero cambio? Este es el capítulo de acción. Si ha seguido concienzudamente las sugerencias de la guía de estudio, ya estará bien encaminado. Nos concentraremos en áreas clave antes que en los pasos sugeridos por el autor, aunque insistimos en que dé cada paso que el proceso indica.

1. En la ilustración del «atolladero» intente llegar a la actitud «de raíz» que origina las actitudes negativas de su vida. Esto probablemente significará que debe dar marcha atrás en su vida recordando los sentimientos que tuvo frente a los distintos acontecimientos. Para algunos podría ser una experiencia dolorosa y podría requerir ayuda profesional de un consejero cristiano. Escriba lo que considera que ha sido el «tronco» que ha causado este atolladero, la actitud «de raíz» que impide el cambio.

2. Trabaje en las **Etapas de evaluación**.

   a. Identifique los sentimientos problema:

   b. Identifique la conducta problema:

   c. Identifique el pensamiento problema:

   d. Identifique el pensamiento bíblico:

   e. Asegure el compromiso:

   f. Planifique y lleve a cabo su decisión:

3. Identifique el temor en su vida. Puede ser el temor al fracaso, el temor al cambio, el temor a la crítica. Si está en grupo hable de los temores comunes que impiden el cambio e ilústrelos. Después de escribir estos temores, inicie la **Fórmula de cuatro pasos para tratar el temor.**

4. Vuelva a referirse al número 1 para su actitud de «atolladero». Exprese claramente lo que quiere hacer al respecto. Querrá usar la fórmula sugerida por el autor en la página 166.

5. Aunque todos los tres pasos de las páginas 166–168 son vitales, los hombres tendrán probablemente la mayor dificultad con el número 2, puesto que pocos hombres tienen un amigo íntimo que les estimule y con el que puedan conversar sobre sus sentimientos. Si en un estudio anterior identificó a tal amigo, escriba su nombre de nuevo. Invite a este amigo a una excursión, a desayunar, o a caminar por la playa. Construya una relación que vaya más allá de hablar de deportes, trabajo o política. Escriba su plan de acción.

6. Subraye las palabras o frases negativas de la página 167. Cópielas como parte del proceso para eliminarlas de su vocabulario.

7. ¿Cuáles son las tres ocasiones en las que la gente es más receptiva al cambio?

   a.
   b.
   c.

Señale la condición que describe mejor la situación en la que se encuentra ahora.

8. El autor escribe: «Muchas veces formamos un conjunto de pensamientos y aceptamos limitaciones que no deberíamos tener». ¿Cuáles son las limitaciones que impiden a las personas dar pasos positivos hacia el cambio?

9. ¿Hay algún pecado, transgresión o abuso que sea como una cadena que le ata a su pasado? Lea el Salmo 51 y subraye las verdades clave más significativas para usted. Escriba qué acción planea tomar.

10. Compare sus patrones de pensamiento con Filipenses 4.8. Escriba cuál es el área que más atención necesita, si va a cambiar su patrón de pensamiento.

11. ¿Qué hábitos le describen mejor? Si se ajusta a la progresión de «Malos hábitos», siga los pasos de la página 176, en términos de un solo hábito.

12. Al comienzo de esta serie identificó una actitud negativa e inició el proceso de cambio, ¿en qué etapa se encuentra? (Refiérase a la página 178) Si está en la **Etapa Final**, describa cómo retrocederá.

CAPÍTULO TRECE

Las oportunidades a su alrededor

1. Repase la acción sugerida en la página 167 (Capítulo 12, número 5) para identificar al amigo que seleccionó. Ahora, revise las «Condiciones que se necesitan para un esfuerzo cooperativo» de las páginas 182 y 183 para ver si su amigo reúne las condiciones sugeridas para serlo.

2. ¿Son las calificaciones para un amigo demasiado idealista? ¿Puede alguien ser un verdadero amigo sin reunir todas las calificaciones sugeridas?

3. ¿Por qué la siguiente afirmación es verdadera o falsa: «Al aconsejar personas que enfrentan problemas matrimoniales, he observado que casi siempre los amigos de la pareja también tienen problemas matrimoniales»?

4. Uno de los pasos a dar más difíciles para un hombre, es reconocer que necesita un modelo, identificar ese modelo, y pedir ser discipulado por ese modelo. Sin embargo, se pueden hacer progresos sorprendentes tanto en hombres como en mujeres que se someten a esa disciplina. Si usted es joven, no tema pedir a un hombre mayor que se reúna con usted con propósitos de discipulado, porque él gustosamente le ayudará. Escriba las cualidades que busca en un modelo que le ayuden a cambiar su actitud.

5. Identifique un fracaso reciente. Ahora, vaya al ejemplo del muchacho que perdió una mano (página 188), evaluando que lo que le ha quedado es positivo.

6. ¿Cómo podemos ser receptivos a experiencias de éxito? No se limite a su círculo inmediato de amigos. Un pastor que se encargaba de una nueva iglesia, visitó a cinco pastores que dirigían grandes y exitosas iglesias. Pasó un fin de semana con cada uno antes de comenzar su nuevo ministerio, y trató de aprender del éxito de cada uno de ellos. No se admiren que todavía sea pastor de una floreciente iglesia, muchos años más tarde. Aprendió y cambió. De manera que escoja a sus «triunfadores», haga una lista de ellos, y ábrase a sus experiencias de éxito.

CAPÍTULO CATORCE

El Dios sobre usted

1. ¿Por qué limitamos a Dios cuando consideramos cambios en nuestras vidas?

2. Describa sus sentimientos personales mientras lee las dos afirmaciones fundamentales. ¿Ha podido decirlas sin sentimientos de duda?

3. Diga por qué debe afirmar lo siguiente con confianza:

   a. «Me siento verdaderamente importante».

   b. «Me siento verdaderamente seguro».

4. El autor le ha dado algunos tranquilizantes pasajes de las Escrituras, pero son de mayor valor los que usted mismo descubra. Utilizando una concordancia, busque la palabra «poder» en las cartas de Pablo. Subraye esos versículos en su Biblia. Cópielos en una tarjeta de 3 X 5 para recordar que el poder de Cristo está disponible para usted.

5. Si la oración es tan importante para cambiar, ¿qué le hace para que sea realmente único?

6. ¿Cómo podemos apropiarnos del poder del Espíritu Santo, ya que Él es el verdadero Agente de cambio?

7. Escriba los pasos específicos, descritos en la página 203 que Jim tuvo que dar para liberarse de una mala actitud.

8. Usando esa experiencia como base, ¿qué pasos puede dar para comenzar el proceso de cambio (pensando en 1 Juan 4.4)?

Acerca del autor

John Maxwell tiene más de 25 años de experiencia en liderazgo cristiano. La mayoría de esos años los ha pasado como senior Pastor, últimamente en la Skyline Wesleyan Church de San Diego, California. También ha servido como director ejecutivo de evangelismo en Wesleyan World Headquarters. Habla y conduce seminarios en todos los Estados Unidos y Canada sobre temas tales como liderazgo, relaciones, crecimiento de la iglesia y actitud. Cada año habla a miles de pastores y laicos de casi todas las denominaciones.

John es autor de numerosos libros, entre ellos *Be All You Can Be; Be a People Person; Developing the Leader Within You;* and *Developing the Leaders Around You.*